LE PRINCE

MACHIAVEL

Portrait d'après celui d'un exemplaire appa tei i it la bibliothèque
de l Université de la traduction d s d scours sur la première lécade
de Tite L ve intitulee *D scours sur l tat de paix et de g iei re*
1 vol pet t in 8 Paris Vincent S rtenas 1 ɔɔ

MACHIAVEL

LE PRINCE

TRADUCTION GUIRAUDET

AVEC QUELQUES MAXIMES EXTRAITES DES ŒUVRES DE MACHIAVEL
UNE INTRODUCTION
DES NOTES ET LA BIBLIOGRAPHIE FRANÇAISE DU *PRINCE*

PAR

L. DERÔME

PARIS

GARNIER FRÈRES, LIBRAIRES ÉDITEURS

6, RUE DES SAINTS-PÈRES, 6

INTRODUCTION

Le *Prince* a la réputation équivoque des objets qu'on aperçoit de loin dans l'obscurité.
Comme on en distingue mal les contours, on en
a les opinions les plus contradictoires. On ne
saurait contester que son crédit n'ait été durable.
Il a trois cent cinquante ans d'âge et il ne ressemble pas à ces traites d'Aristote qui sont investis d'une gloire immense, mais qui n'ont
qu'un lecteur ou un commentateur de loin en
loin, en dehors des écoles où on les ânonne. Il
est resté populaire, on est pour ou contre lui,
on n'y est pas indifférent. Ce ne sont pas les

agrements du livre qui l'ont fait durer Il n'est
pas une de ces fleurs du genie qui charment le
goût et captivent l'imagination Il a un air sombre, ne provoque point a des idees sereines Les
poetes ne le lisent pas, le vulgaire non plus
C est un morceau de resistance Il a des lecteurs neanmoins en grand nombre Ce sont les
publicistes, les historiens, les hommes d Etat Il
a ete, pendant des siècles, le conseiller des rois,
une sorte d'alphabet politique a leur usage
Ceux qui ont un Etat a diriger ou a fonder le
consultent

Dans la pensée de Machiavel, le *Prince* etait
destine de preference aux fondateurs d'Etat, aux
souverains nouveaux Il a en outre une clientèle
speciale, celle des ambitieux, aux yeux desquels
il a garde une physionomie epique Il est un
souvenir de l ambition d autrefois Il n'est plus
guère aujourd hui a la portee de l'ambition
L'ambition depuis Machiavel a diminue de taille
et change de procédés Elle continue d'etre le
desir du pouvoir, ce n'est plus au meme pouvoir qu on aspire, ce ne sont plus les moyens

preconises par l auteur du *Prince* qu'on etudie
Le *Prince* enseigne comment on acquiert, comment on conserve et comment on perd les Etats
Qu'est-ce qui fonde des Etats? qui est-ce qui a a
les conserver ou a les perdre ? quelques hommes
par siecle On en compterait bien dix dans le
nôtre. Le pouvoir souverain, incarne dans un
homme, n est plus une loterie a laquelle des
milliers de joueurs esperent avoir un bon nu-
mero il est soumis au principe d heredite
L ambition moderne est au-dessous de lui, le
partage d une legion qui n en souhaite qu'une
pucelle, et encore a titre precaire

Si l ambition est plus chetive, etrangere aux
moyens dramatiques de Machiavel, elle offusque
moins ceux qui ont a la subir L'adoucissement
de ses mœurs l a rendue presque legitime.
« Dans un pays libre, dit Prevost-Paradol, l ambition est eloquente, active, utile au pays , elle
s avoue et cherche a se legitimer en meme
temps qu a se satisfaire » Ce n est plus l'ambition feodale, nee d appetits sans frein, agissant
militairement, ou a l aide d'une conjuration.

C'est l ambition parlementaire, jalouse de placei
dans la persuasion, le gros de ses espérances
En Angleterre, elle se nomme Pitt, Canning, Pal-
merston, Disraeli, Gladstone , en France, elle a ete
Villele, Martignac, Casimir Perier, Guizot, La-
martine, Lediu Rollin, Thiers, apiès avoir cte Na
poleon toutefois et avoir un moment repris en lui
des proportions machiavéliques Elle est meme
devenue beaucoup plus modeste que les noms
precedents ne l indiquent Elle en est arrivee a
n'etre plus que l'art du politicien qui cherche un
emploi lucratif Elle a cesse d effrayer, elle i
cesse en meme temps d exigei des qualites extraordinaires Ceux qui la cultivent ne sont le
plus souvent que des flatteurs, dont la servilite
s'exerce dans la rue, comme elle s exerçait na-
guere dans les antichambies Il lui aiiive d etic
honncte ou de vouloir le paiaitre, de s'appuyei
sur son merite, sur l'eclat du talent ou de la
vertu dans le dernier cas, on la dit venerable
Dupont de l'Eure, ctait vénerable Elle chemine
alors selon l'expression de M Jules Simon « a
ciel ouvert», et plus celui qui l'a « a l âme haute,

plus ses chances sont considerables. » Ce dernier point n'est pas établi, et puis ce sont les
interessés qui peignent l'ambition sous ces
beaux dehors Ceux qui, sans avoir eux mêmes
d'ambition, sont habitues a la voir de pres, ne
sont pas tout a fait de cet avis D'autre part, les
moralistes font des objections Ils professent
volontiers que l'ambition ne se soucie ni du
merite ni de la vertu, ni meme du talent, que
ces qualites, lorsqu elles existent, sont tout au
plus propres a lui servir d'enseigne, qu au fond,
l'ambition est un pur appetit, indifferent au
bien et au mal, usant de l'un ou de l'autre selon
l'occurrence et le profit qu il y trouve Ils plaignent l'ambitieux au surplus « L'ambitieux,
dit La Bruyère, a autant de maîtres qu'il y a de
gens utiles à la fortune », de sorte que si l ambitieux aime la liberte, il a un grand merite il
l aime d une manière desinteressee, n en usant
pas lui-meme.

Dans le *Prince* l ambition n'invoque pas le
nom de la vertu, mais elle a plus d'ampleur
Machiavel ecrit a l'intention des Médicis, de

Ferdinand d'Aragon, dit le Catholique, de
Louis XII, de Charles-Quint, d'Henri VIII. Il a
presentes a la memoire la figure de Louis XI et
la tete chafouine de Commines qui, de passage
a Venise, fut très surpris d y trouver plus fourbe
que lui — piu furba di lui — Comme disciples
du meme genre, le *Prince* a en perspective Catherine de Medicis, Philippe II, Elisabeth, les
Guise, les Valois, Sixte-Quint, Henri IV, Riche-
lieu, Retz Cromwell, Napoleon Il n'a pas prevu
l ambition de tribune, ou de carrefour

Le *Prince* est enfin ne au sein d une tempête
sociale, au contact de deux societés ennemies, la
societe feodale dont les jours sont comptés, et
la societe cesarienne a qui l'avenir appartient,
et recemment exhumee par les humanistes Et
puis, il est l'œuvre d'un homme superieur, qui
n'a pas de rang au soleil, ni de rôle important a
jouer, qui de plus a ete maltraite par les événe-
ments et en a contracte une colere farouche Le
Prince porte l'empreinte de cette double origine
Elle est la cause des imprecations qui l'ont ac-
cueilli Il y a en lui le mal du temps et celui de

l auteur Ce n'est qu'un opuscule, le moins
étendu des ouvrages de longue haleine, sortis
de la plume de Machiavel Il doit au *Prince* sa
bonne et sa mauvaise renommee S'il n'avait
pas écrit le *Prince* qui n'est proprement qu'un
abrégé des *Discours sur la premiere décade de
Tite Live*, il ne serait pas inconnu, mais il ne
serait pas Machiavel Il serait un excellent ecri-
vain, comme il y en a deux cents, qu'on expli-
querait dans une chaire, que les historiens et
la critique citeraient a l'occasion Le public
saurait à peine qu'il existe Machiavel est l auteur du *Prince*, il n'est que l auteur du *Prince*.
On a discute et on discute le *Prince* comme on
discute une institution Hors de l Italie ou Machiavel est un des meilleurs ecrivains de la
langue, on ne cite de lui que le *Prince,* on en a
retenu quelques maximes, qui reviennent chaque jour dans les lettres et dans la presse a
l'etat de proverbes Ce ne sont pas celles qui
ont acquis au *Prince* l'autorite qu il possède et
ce n'est pas souvent en vue d affirmer cette autorité qu on les cite C est plutôt afin d'en flétrir

un homme ou une doctrine contre lesquels on
n'a pas d'arguments décisifs a produire. On considere le *Prince* comme un evangile du crime
politique , a cet egard, Machiavel a acquis en
compagnie de Thersite, de Catilina, de Loyola
et de quelques autres, le privilège de servir
d'eloquence a ceux qui en manquent.

I

Guiraudet [1] a qui est due la traduction du
Prince que nous reproduisons, dans un *Discours
sur Machiavel* place en tete des œuvres politi
ques, constite avec etonnement l'acception cou
rante du mot Machiavel Il est synonyme de

1 Guiraudet Charles Philippe Toussaint, né à Alais (Gard)
en 1 51 est mort préfet du département de la Cote d Or en
1804 Il fut successivement gouverneur du prince de Rohan-
Rochefort lecteur de *Madame* et député suppleant du Tiers
Ltat aux Ltats generaux Ami de Mirabeau de Condorcet de
Marie-Joseph Chénier auteur d ouvrages estimes ecretaire
général au ministère des Affaires étrangères sous le Directoire,
il avait acquis une situation politique assez considerable Il
est le premier traducteur que les œuvres politiques de Machiavel (9 vol in 8 , Paris 1799), avaient eu en France depuis
le **xvi**ᵉ siècle Il paraît avoir entrepris sa traduction sur le
conseil du général Bonaparte, avec qui il aurait eu des
liaisons

scélerat Ceux qui le prononcent « comme tous les mots d'une langue », dit Guiraudet, avant de savoir ce qu'il signifie le font avec un sentiment voisin de la frayeur Ils imaginent que ce nom doit être celui d un tyran plus perfide et plus cruel que ses confreres en tyrannie, et qui sert de type a l espece Ils éprouvent ensuite la suiprise d'apprendre que l'auteur du *Prince* est un simple particulier, professant la tyrannie par amour de l art Guiraudet affecte plus de naiveté qu'il n'a Le mot inquisition est dans le même cas que le mot Machiavel Qui est ce qui sait que c'est le nom de la police romaine, qui s est perpetue au moyen âge ? Il y a des institutions et des personnages historiques, autour desquels les passions et les préjuges ont forme une legende terrible La legende survit a leur memoire reelle , ils sont encore des spectres alors qu ils ont cessé d être même un souvenir.

L'etonnement de Guiraudet n etait qu'une précaution oratoire. « Cependant, dit-il, quelques-uns de ces hommes dont l estime vaut celle de tout un peuple, et dont le jugement peut lutter avec avantage contre celui de leur siècle, avaient laissé échapper sur cet étranger si décrié, une opinion qui doit rendre perplexes ceux qui pèsent les voix plus qu'ils ne les comptent Un des plus beaux génies de l Angleterre, Bacon, avait dit — Rendons grâce à Machiavel et aux écrivains de ce genre , en feignant de donner des leçons aux rois, ils en ont données aux peuples » Montesquieu est de l'avis de Bacon, J -J. Rousseau de l'avis de Montesquieu Cela l assure Guiraudet Il rejette sur la cour de Rome le fait d avoir inventé l'odieux qui pese sur la memoire de Machiavel , les injures venues de cette source se sont répandues comme une contagion sacree Il y a dans cette circonstance de quoi se mettre la conscience en repos Du moment que la haine et le mepris de Machiavel sont l œuvre de la cour de Rome, ce n'est plus un obstacle Ce serait plutôt un titre a l'honneur Guiraudet n'est pas éloigne de croire que si Machiavel n'avait pas été un Promethée italien, la cour de Rome n'aurait pas pris le soin de poursuivre sa memoire Il oublie que le *Prince* et les œuvres de Machiavel ont d'abord paru sous les auspices de la cour de Rome et que la première edition du *Prince* sort des presses pontificales Un incident fâcheux complique d'ailleurs le probleme. Il est difficile de supposer que Frédéric II et Voltaire qui ont chargé d'invectives les doctrines et la personne de Machiavel, aient pris le mot d'ordre de la cour de Rome Bah! le plus coupable dans cette aventure, ce ne sont ni la cour de Rome ni Frédéric II, ni Voltaire, conclut Guiraudet c'est tout le monde, ce sont ceux qui n ont pas d'opinion et prennent celle qu'on leur offre, qui ont injurié Machiavel sur l invitation de la cour de Rome de Frederic et de Vol taire, puis qui ont réhabilite son nom sur le temoignage contraire de Montesquieu et de Jean Jacques Rousseau « Diffame jusqu'alors, dit Guiraudet, on le vit à cette epoque, prône, cele bre, quoique tout aussi peu lu par cette classe d'individus d'autant plus nombreuse que son rôle est plus facile, et qu'il ne consiste qu'à redire sans examen ce qui fut pense par un autre, vrais télegraphes de l'opinion qui la repetent sans la comprendre et qui transmettent la decision ou la nouvelle du genie sans en avoir connu le sens ou penetre le secret »

Ce n'est pas tout à fait exact Guiraudet qui est un jacobin, et qui admire en Machiavel, l *homme de pouvoir*, est indigne de voir son heros en butte aux rigueurs d en bas Il vient d'assister sous la Terreur a des mouvements d opinion si fréquents et si peu motives, qu'il sait a quoi s'en tenir sur le fond qu il faut faire des jugements de la rue Les gens de la rue, pense-t il, car il n ose l'exprimer, sont des enfants dont les habiles disposent Les habiles ont le talent de leur faire aimer aujourd hui, ce qu'ils detestaient hier Demain ils changeront de nouveau et leur gout n'en aura pas plus de valeur.

Cela n'explique pas la defaveur immense qui a pese sur les doctrines de Machiavel, ni la cour de Rome ni qui que ce soit, n'en sont la cause C est la nature meme des theories de Machiavel qui l'a expose aux imprecations universelles, a la haine de quiconque n est pas un homme de pouvoir comme lui. C'est l'homme

de pouvoir, le legislateur de la raison d'Etat,
qu on hait en lui Ce n'est pas uniquement le vulgaire qui le hait, c'est la raison individuelle, c'est
l'interet individuel, en haut comme en bas Machiavel qui a reçu une éducation d homme d Etat,
essaye d'etre un homme d'Etat, et qui sans y
parvenir lui-même, a enseigne aux autres à le
devenir, a trouve dans les historiens romains
et en particulier dans Tacite, le secret de la Raison d'Etat qui fut le ressort intime du gouvernement romain Il voit cette Raison d Etat prati-
quee avec succes par les Patriciens du Sénat
qui ont fonde la grandeur romaine et la patrie
romaine Il les loue d avoir agi comme ils ont
fait Il les loue dans ses *Discours sur la première
décade de Tite-Live* Plus tard il retrouve la Rai
son d'Etat appliquee avec le meme succès par les
empereurs que par le Senat Il approuve encore
Il n'est ni republicain ni cesarien il est parti-
san de la Raison d'Etat Eh bien ! ayant a conseiller la mise en œuvre de la Raison d'Etat, a sa
patrie italienne du xvi° siecle, il n aperçoit autour de lui comme instruments propres à cet

office que les Tyrans de la Renaissance Les republiques issues du regime feodal ne sont pas propres a cette besogne Les Tyrans italiens qui le sont, a son jugement, sont la plupart des gens de sac et de corde C'est parce qu'ils sont des gens de sac et de corde, qu'ils sont propres a servir la Raison d'Etat Ils se moquent du droit le droit est de nature feodale Tant mieux! Le plus grand parmi les Tyrans italiens contemporains de Machiavel, est Cesar Borgia. Il est souille de crimes, mais il n'a pas de scrupules, il a d ailleurs la prudence et l'habilete, une intelligence et un courage a toute epreuve Il est l'homme qu il faut a la Raison d Etat C'est par la qu il a merite de servir de modele au *Prince* Qu importe a Machiavel que Cesar Borgia soit un mechant homme, s il est de taille a etablir dans sa patrie le règne de la Raison d'Etat, a refaire l'Italie, a chasser les etrangers ? Plus il sera indifferent au choix des moyens, plus il sera apte a ce qu on attend de lui

Oui, mais au-dessous de cette Raison d'Etat et du *Prince* capable d'en établir le règne, il

y a les interêts particuliers, le droit feodal,
des consciences a dominer, des resistances a
broyer. La Raison d Etat, c'est la suprématie
des gouvernants, a côté d'eux, il y a les gouvernes sur lesquels on expérimente a discretion. Machiavel n'est pas leur ennemi formel Il
ne s'occupe pas d eux, tout au plus les considere t-il comme de la matière a gouvernement.
Qu'ils souffrent, qu'on les ruine, qu'on dispose
à son gre de leurs personnes et de leurs biens,
qu'on soumette leurs croyances et leurs opinions
civiles au joug de la Raison d'Etat, au gre du
Prince Machiavel ne se soucie pas de leur avis,
il les abandonne au *Prince*, il enseigne a celui-
ci comment il pourra les contraindre a colla-
borer a ses projets Que suit-il de la? que ce
ne sont ni la cour de Rome, ni le vulgaire que
Machiavel a contre lui Ce sont les gouvernés,
c'est-a-dire tout le monde tout ce qui n a pas
un sceptre, ne tient pas l epee du commandement. Le gouvernant est seul contre la cohue
des gouvernés, insensible a leurs maux, si
ces maux sont nécessaires a l intérêt de l'Etat

qu'il poursuit C'est precisement ce que madame de Remusat [1] fait dire a Napoleon « — Mais apres tout, un homme d'Etat est il fait pour être sensible ?n est-ce pas un personnage tout a fait excentrique, toujours seul d un côte, avec le monde de l autre ?» De sorte qu'il n'y a pas eu a ameuter l'opinion contre le *Prince* et contre Machiavel, tout le monde est naturellement contre lui, sauf les souverains et les hommes d Etat Aussi les écrivains, les predicateurs, les moralistes, se sont-ils mis de concert a crier au loup

Si Machiavel etait la, il ne les accepterait pas comme ses juges Il leur repondrait — Vous êtes de condition privee Je recuse votre jugement, il est intéiesse Vous êtes juges et parties dans la même cause Je suis le precepteui des rois je n'entends être juge que par eux. Il y a deux morales la morale d'Etat et la morale privee Elles n'ont pas les mêmes principes Mais, je sers la morale d Etat, celle qui se preoccupe des intérêts generaux et néglige

1 *Memoires* t 1er, pp 335-336 de la premiere edition

les interets particuliers Je ne medis pas de l autre, je reconnais si l'on veut qu'elle a sa raison
d'etre J admets meme qu'elle a des interets
plus eleves, qu'elle est la sauvegarde de la dignite personnelle, de l independance de l âme
des grandes vertus de la vie Je ne m en occupe pas, ce n est pas mon metier, je ne suis
pas le champion de la liberte morale, je suis le
champion de la Raison d Etat C est elle qui cree
les grandes dominations qui en definitive procure le bien des individus, car elle les soustrait
a l'instabilite, aux privileges de caste, aux pe
rils quotidiens d'une societe ou il n y a pas d autorite publique de loi qui defende les petits
contre la violence des forts Je reedite les principes sur lesquels reposait la societe antique,
la societe administrative de l'empire sous le
regne des Cesars Bref je suis le defenseur des
interets populaires contre les privileges feodaux
et l'arbitraire des grands

Maintenant qu on l'attaque sur les moyens
de gouvernement qu'il préconise Il ne les déclare point parfaits, il soutient qu ils sont ne-

cessaires, que d'ailleurs, il ne s'agit pas de savoir comment on doit faire, mais comment on fait Il n'est qu'un greffier Il observe, constate Dans un cas donné, les hommes se conduisent ainsi Ils font bien ou ils font mal Machiavel ne l'examine pas ils font ainsi Ce sont les chefs d'État qui font ainsi, les détenteurs du pouvoir politique C'est à eux que Machiavel en a, c'est des souverains qu'il est le conseiller, l'ami, l'interlocuteur Les autres ne le regardent pas, il ne cause pas avec eux, il n'écoute pas ce qu'ils disent, refuse d'entrer en communication avec eux Qu'ils fassent leur besogne et lui laissent faire la sienne Au fait, il respecte leurs maximes et conseille au *Prince* de s'y conformer quand il pourra, que l'intérêt de son État le lui permettra Mais l'intérêt de l'État, la Raison d'État priment les autres intérêts Ils sont supérieurs et ne dépendent pas d'eux Le *Prince* tient son autorité de Dieu c'est pourquoi il s'intitule nous, par la grâce de Dieu Si on poussait Machiavel, il avouerait sans difficulté que cette grâce de Dieu est celle de la fortune, et par la fortune il entend la force des choses, le destin Ce n'est pas la question, et il n a garde de se risquer sur ce terrain compromettant

En realite, les souverains du XVIᵉ siècle agissaient comme il parlait Ils l'ont encore fait depuis et continuent de le faire Ce sont la des choses qu'on n'ecrit pas, sur lesquelles on ob serve un silence prudent qui fait partie de la Raison d'Ltat Ceux qui vivent dans l'intimite des souverains, leurs ministres, leurs agents, ceux qui sont investis de leur confiance et de-tiennent une part de leur autorite, sont initiés a ce principe et y conforment leur conduite Dans les Ltats ou le pouvoir ne reside pas dans les mains d'un seul, on admet également le principe, on l'appelle droit supérieur, droit de l'Ltat, nécessite d'agir suivant les circonstances, sans avoir egard aux maximes de la morale pri-vee Le mensonge, la dissimulation, l'intrigue, la ruse sont des outils politiques a l usage de la Raison d Etat Ce ne sont point des vices, ce sont des vertus qui constituent l art de gouverner.

Cela est anterieur a Machiavel. Ce n'était

qu'un fait Machiavel a erige ce fait en doctrine regulière Les princes contemporains de Machiavel l'ont accceptée Charles-Quint portait en campagne un exemplaire du *Prince*. On ne lit nulle part qu'il ait juge a propos de defendre le *Prince* par paroles ou par action. Il se contentait de s'en servir Catherine de Medicis, moins prudente ou plus cynique, avait introduit le *Prince* a sa cour et le faisait enseigner publiquement a ses enfants « L'auteur du *tocsin des massacreurs*, dit Bayle [1], observe que Charles IX avoit este très mal esleve et qu on lui avoit laisse ignorer ces enseignements de l'escriture, que le roy establi sur le peuple de Dieu, ne doit point eslever son cœur sur ses freres, ains qu'il doit ensuyvre la loi du Seigneur de point en point, et y mediter en la lisant tous les jours de sa vie au contraire de quoy la royne a fait instruire ses enfants es principes qui estoient plus propres a un tyran qu a un roy vertueux, luy faisant faire la leçon non seulement des sots contes de Perceforest, mais surtout des traitz de

---

1 Dictionnaire, note à l article Machiavel.

cet athée Machiavel dont le but a esté surtout
d enseigner le *Prince* a se faire craindre qu'ay-
mer, et a regner en grandeur qu'a bien regner, et de fait on peut bien appeler ce livre
l'evangile de la royne mère » Corbinelli lisait
souvent le *Prince* au duc d'Anjou, depuis
Henri III, raconte Davila Henri III avait pris
goût a cette lecture « Machiavellum qui perpe-
tuus ei in sacculo atque in manibus est », écrit
le ligueur Boucher Le *Prince* était dans la poche
(in sacculo) d Henri III le jour de son assassinat
par Jacques Clement, il était aussi dans la poche
d'Henri IV le jour ou il fut poignardé par Ra-
vaillac C'etait le bréviaire des rois et des hommes politiques du XVIᵉ siecle, de François Iᵉʳ,
d'Henri VIII, d'Elisabeth, du connétable Anne
de Montmorency, de Guise, de Spinola, du duc
d'Albe, de Philibert Emmanuel de Savoie, du
chancelier de l Hospital, disciple fervent et dis-
cret de Machiavel Plus tard le cardinal de Ri-
chelieu fit ecrire une apologie de Machiavel par
Machon, un de ses affidés, Retz fait des emprunts
au *Prince* dans ses *Memoires*, dans la *Conjura*

tion de Fiesque, et dans sa vie l'imite du mieux qu'il peut, la reine Christine de Suède annote le *Prince*

Ce sont les juges naturels du *Prince*, ceux dont il invoque le suffrage Leur adhesion muette temoigne qu'ils goûtaient ses conseils

Pourtant l heure ne tarde pas a venir ou, meme de ce côte, on abandonne Machiavel Il porte la peine du milieu dans lequel il a vecu, si a d autres egards il en a tire quelque avantage Le phenomene se presente vers la fin du xviiie siecle Villari, le plus recent et le plus complet des historiens de Machiavel, constate les motifs de cet abandon dans les termes suivants [1] « A mesure qu'on avance dans le xviie siecle, les

---

1 *Niccolo Macchiavelli e i suoi tempi* t II, p 429 L ouvrage de Villari (*pisculale Villari Nicolo Macchiavelli e i suoi tempi illustrati con nuovi documenti*, Firenze, presso succes on Lemonnier 187 1882 3 vol in 8), est de beaucoup l etude la plus importante dont Machiavel ait ete l objet L auteur qui st professeur d histoire à l institut supérieur de Florence, a edité son œuvre à la fois en italien en allemand et en anglais Il est hostile à la France, ce qui l a engagé à n en pas fournu au public français un texte écrit dans notre langue

conditions politiques de l'Europe se transfor-
ment rapidement, et la condition des souverains
vis a-vis de leurs sujets devient tres differente
de ce qu'elle etait au moment de la Renaissance
Il ne s'agit plus de faire des conquetes sur la
feodalite des lors vaincue ni sur les petites re
publiques et les gouvernements locaux, qui ont
disparu. Le pouvoir a cesse d osciller , il a acquis de la securite dans les mains des dynastics
regnantes, par contre, dans chaque Etat il est ne
un peuple nouveau, dont les souverains eprouvent le besoin de se rapprocher afin de trouver
en lui des secours dans les guerres d'Etat a Etat
Ils sentent le besoin d etre les chefs, les guides,
les representants de leur peuple, les soutiens
de ses interets, ils ne peuvent plus, il ne veulent plus voir dans le *Prince* leur image » Evi-
demment Au moyen âge, le petit etait une
proie Les grands se la disputaient, elle etait a
la merci du premier venu Il n y avait que
l Eglise a implorer Elle ne suffisait pas a proteger les petits qui étaient alors abandonnes a leur
sort. La revolution monarchique de la fin du

moyen âge, faite en faveur des petits, avait exigé
un long espace de transition Durant cette transition, l Occident n'avait offert que l'image du
chaos Les Tyrans de la Renaissance, destruc
teurs de republiques, de communes indepen
dantes, de privileges nobiliaires et bourgeois, de
souverainetes locales de toute soite, n'avaient
pas les mains nettes Ils les avaient trempees
dans le sang Dans leur lutte à outrance contre
le Regime Feodal, tous les moyens leur avaient
paru bons, y compris le parjure, la trahison, le
poison, les perfidies les plus variees Machiavel
les avait adoptes tels qu'ils etaient, avec leurs
moyens d action, leur physionomie de Barbe-
Bleue Il lui avait paru, devant leurs antecedents
et les effets produits par leurs violences, qu'il
valait mieux que le *Prince* se fît craindre qu'ai
mer, et dans le desordre effrayant du temps, c'e
tait surtout par la crainte qu'une domination
s etablissait et durait Or ce *Prince* qu'on craint,
aujourd'hui que la securite existe, que les intérêts sont garantis par la coutume ou par des
lois, n'est plus qu'une caricature, un Gilles de

Retz Les souverains l'abjurent, ne veulent plus
avoir avec lui rien de commun Il les compro-
met Desormais ils ont un air paternel qui sied
mieux aux mœurs nouvelles Au lieu d aspirer
a la crainte, ils aspirent a l'amour des gouvernes Bossuet, dans sa *Politique tiree des propres
paroles de l Ecriture sainte* (1709), consacre le
fait acquis Il montre dans chaque souverain,
une providence temporelle, chargee du bien
etre de tous, specialement obligee de nourrir
les pauvres, de les proteger contre l arbitraire
des grands, de fournir aux riches la securite
pour leur personne et pour leurs biens Partout
d ailleurs, en Europe, la monarchie administra
tive avait succede a la monarchie militaire, c est
a dire a la Tyrannie Le chef de l Etat n'est plus
un general entouré d'une armee, l épée a la
main, qui montre les dents a quiconque serait
tente de lui resister C est un intendant qui ad-
ministre la fortune publique, au mieux des interets de chacun Sans doute la Raison d Etat est
toujours la, avec ses exigences d'autrefois Mais
elle n avait plus d emploi qu'a la frontiere, dans

les rapports de gouvernement a gouvernement
Elle etait devenue la diplomatie.

Les souverains ne reconnaissent donc plus
leur ancetre dans le *Prince*, homme de fer avec
une âme tragique, un lion dans un antre Le
Prince ne fascine plus parmi eux que les melan
coliques, ou les souverains nouveaux comme
Cromwell en Angleterre L'homme de Machia
vel est un fossile, quelque chose de hideux et
de grostesque, bon a faire peur aux enfants
Ce n etait au fond qu un aventurier Eux ne sont
plus des aventuriers, ils sont au pouvoir en
vertu du principe d heredite Ils y sont par droit
de naissance et non plus par le droit de l e-
pee Les sujets ne les regardent plus en trem-
blant, a leurs yeux aussi, le *Prince* de Machia
vel est vieux c est un Sachem fait pour gouverner les Caraibes Enfin on ne confond plus le
prince avec l'Etat comme le Tyran italien de la
Renaissance Celui-ci avait eu besoin de cette
fiction afin de montrer qu'a sa conservation
etait attache le salut commun Maintenant le
souverain meurt sans provoquer de commotion

Il est remplacé par un autre qui continue sa
tâche et les choses vont comme auparavant Et
puis, il n'est plus un maître omnipotent, n'ayant
de compte a rendre qu a Dieu. Il le pretend toujours, mais c est une maniere de dire qu'on lui
concède, afin de flatter son amour-propre Il
est bien convenu qu il est delegué de son peuple, un prepose aux affaires publiques, un
pere.

Cette idec de paternite fournit a Bossuet une
theorie du pouvoir qui n'est pas absolument
inexacte, mais dont les modeines n'avaient aucune notion Donc le pouvoir dérive de l autorite
paternelle « Dieu ayant, dit Bossuet, mis en nos
parents comme etant en quelque façon les auteurs
de notre vie, une image de la puissance par laquelle il a tout fait, il leur a aussi transmis une
image de la puissance qu'il a sur ses œuvres . »
De la nous pouvons juger que la première idec
de commandement et d'autorite humaine, est
venue aux hommes de l autorité paternelle Les
hommes vivaient longtemps au commencement
du Monde, comme l attestent non seulement

l Ecriture, mais encore toutes les anciennes traditions, et la vie humaine commence a décroître seulement après le Deluge, ou il se fit une si grande alteration de toute la nature Un grand nombre de familles se voyaient par ce moyen reunies sous l autorite d'un seul grand-pere, et cette union de tant de familles avait quelque image de royaume. »

Alors le pouvoir prend un caractere auguste qui n'a plus rien a demêler avec la force, l'intrigue ou la cruaute Il est legitime par son origine autant que par son utilite pratique Il tient le glaive, mais le glaive n'est pas sa raison d'etre, son droit a l'existence Son droit est naturel, c'est le droit du sang, celui du pere sur son fils, sur sa femme, sur leur posterite, comme premier ascendant Cette origine familiale l'empêche d etre une verge qui frappe. S'il est contraint de sevir, il le fait comme un pere sevit contre son fils, avec douceur et moderation.

Bossuet n'est pas exclusif. Il ne pretend pas que tous les pouvoirs dérivent du droit fami-

lial, de l'autorite paternelle Il y a des rois elus
Il cite en exemple Abimelech, roi de Sichem —
Lequel aimez-vous mieux, dit-il aux habitants de
Sichem, d'avoir pour maltres soixante-dix hom
mes, enfants de Jerobaal, ou de n'en avoir qu'un
seul? Encore il est de votre parente — Bossuet
remarque qu'en hébreu, Abimelech veut dire
mon père le roi, que les anciens peuples de la
Palestine donnaient ordinairement a leurs chefs
politiques le nom d Abimelech « les sujets se
tenaient tous comme enfants du prince, et chacun l'appelant mon père le roi, ce nom devint
commun a tous les rois du pays » Bossuet, du
reste, n'est pas hostile a la forme republicaine du
gouvernement, qu'elle soit aristocratique ou
démocratique Cela depend des temps et des
lieux. Toutes les formes de gouvernement sont
légitimes, du moment qu'elles conviennent aux
mœurs, et aux nations qui les adoptent « Les
formes de gouvernement, dit-il ont été mêlees
en diverses sortes, et ont compose divers Etats
mixtes. Nous voyons en quelques endroits de
l'Ecriture sainte, l'autorité resider dans une

communaute » Selon lui pourtant, la monarchie est la forme de gouvernement la plus convenable aux instincts de l homme Il pense comme Homere que le gouvernement de plusieurs est mauvais « Les hommes naissent tous sujets, dit Bossuet, et l empire paternel qui les accoutume a obeir, les accoutume en même temps a n'avoir qu'un chef »

Dans tous les cas, il a horreur du *Prince* de Machiavel, c est a lui qu il crie avec les paroles de l'Ecriture « les hommes sanguinaires et trompeurs ne verront pas la moitie de leurs jours [1] », et si l'on insiste, il reprend « Un prince qui se fait hair est toujours a la veille de perir. » Il n a de chance de duree que si on l aime, et on l'aime s'il est bon et clement « La clemence, dit Bossuet, est comme la pluie du soir ou de l arrière-saison La pluie qui vient alors, rafraîchit la terre dessechee par l'ardeur du jour ou de l'eté. »

[1] Psaume LIV.

II

Ces bergeries auraient fait tomber a la renverse un humaniste, contemporain de Cesar
Borgia , elles auraient amene sur les lèvres de
Hobbes, auteur du *Leviathan*, un rire amer.
Soixante ans après la Fronde et la revolution
d'Angleterre, elles venaient a point Il y avait un
nouvel etat de conscience Les monarchies euro-
peennes avaient repris leur assiette, les passions
politiques avaient désarme, un bien etre inconuu
de longtemps avait remplace la misère. La
guerre n'était pas encore un souvenir des siècles
barbares On tendait neanmoins a le penser.
L'abbe de Saint Pierre était sûr que la paix per-

petuelle etait imminente Bien des gens n'en
doutaient pas C est l'utopie favorite du xviii^e
siecle Il n etait pas etonnant que le *Prince* de
Machiavel parût un magot de l'ère gothique, et
son auteur un diable des contes de fées Frederic II et Voltaire appuyerent la-dessus, par con-
descendance plutôt que par conviction ils flat-
taient l opinion afin de la dominer. Mais le
Prince est le medecin des annees d epidemie.
La Terreur lui ouvrit une carriere a laquelle
il ne s attendait pas Ce furent les Jacobins na
turellement qui exhumèrent l'*homme de pouvoir*.
N'etaient-ils pas tous des princes, des echantil-
lons de celui qui avait servi de modèle a Machiavel ? Du jour au lendemain, il redevint une
actualite vivante Du reste, il était fait pour leur
convenir de plus d'une maniere

Il y a au troisieme livre des *Discours sur la premiere décade de Tite Live* un chapitre intitulé
— il faut defendre la patrie soit avec ignominie,
soit avec gloire, tous les moyens sont bons pourvu
qu'elle soit défendue — Ce chapitre ressemble a
un mémoire qu'on aurait rédige sur l'ordre du

Comité de Salut Public. Qui est-ce qui disait que Machiavel avait calomnié la nature humaine? Il en était au contraire un témoin précieux Il avait vécu a un âge extraordinaire de l'histoire, si extraordinaire que la notion s en était perdue Il l'avait peint avec un relief saisissant On avait méconnu la vérité de ses tableaux il avait assisté a un état d esprit étrange Quand cet état d'esprit avait disparu, on n avait plus voulu croire qu'il eût existe on avait pris pour les fantaisies d'un hallucine, des idees qui étaient celles d'un patriote, d un grand homme C'était le conseiller des heures de suprême péril Ce péril dont le caractère avait surexcité la sombre imagination du maître, on l avait la sous le regard. Berquin et Florian n'étaient plus de mise Ce n'etaient point des moutons bêlant dans une charmille, a l'ombre des rosiers odorants qu'il fallait à la patrie menacée. Le sentiment de ce retour moral a une époque qu'on n'avait pas comprise parce que la société avait changé, s impose a droite, comme à gauche, aux émigrés de la frontière comme aux sans culottes de l'in-

terreur Il est aussi intense chez Joseph de
Maistre que chez les Conventionnels De Maistre
deplore la situation, mais il l'admet. « La verite
et l erreur, ecrit il en 1792 — *Considérations sur
la France* — se partagent cette terre ou l'homme
ne fait que passer, ou le crime, la souffrance et la
mort, lui sont des signes certains qu'il est une
creature dechue[1] » Les passions que Machiavel a
vues a l œuvre, dont son livre est l'écho, elles allu-
ment encore une fois le Monde Ce n'etait pas un
malade, c etait un observateur On a ses notes.
Il decrit On s'en aperçoit bien en ce moment
ou l on se retrouve a l'unisson de son humeur.
Les Jacobins n'avaient pas tort de soupçonner
qu'il avait assiste a une besogne comme celle
qu'ils faisaient en France Ils placerent tout de
suite Machiavel dans leur calendrier oui, il faut
defendre la patrie soit avec ignominie, soit avec
gloire, oui, tous les moyens sont bons Ils le
montrerent de reste Ils avaient decouvert avec
non moins de plaisir dans Machiavel, que ce

1 *Considerations sur la France* 2ᵉ édit Londres 1797, in-8
ch 3 p 53

n'etait pas la première fois qu'en France, on pensait comme eux A propos des Fourches Caudi
nes ou les Romains ne regardèrent point a la
honte, Machiavel écrit « Ce trait est digne des
remarques et des reflexions de tout bon citoyen
qui se trouve oblige de donner des conseils
a sa patrie S'il s agit de délibérer sur son salut,
il ne doit être arrete par aucune considération
de justice ou d'injustice, d honnêteté ou de
cruauté, de honte ou de gloire Le point
essentiel, celui qui doit l'emporter sur tous les
autres, c'est d'assurer son salut et sa liberté
Les Français suivent cette maxime dans leurs
discours et dans leurs actions, en defendant la
majesté du roi de France et la grandeur de ce
royaume , il n'est rien qu'ils souffrent aussi impatiemment que d'entendre dire que telle chose
est honteuse pour leur roi, quelque parti qu il
prenne dans la bonne ou dans la mauvaise foi-
tune [1] »

De Maistre, il convient de le repeter, quoi

---

[1] *Discours sur la première decade de Tite Live* chapitre
cité plus haut.

qu'il puisse en coûter à sa répugnance, adhère a
cette doctrine et admire la Convention de l'avoir
appliquee il ne fallait pas, dit il, que la France
mourût Devant le fait d'avoir empeche qu'elle
mourût, qu importent les moyens employés?
Justes ou non, honteux ou magnanimes, il y a
lieu de les approuver, le resultat les justifie
Il n'y a que lui a invoquer ici « Je sens bien,
dit il[1], que dans toutes ces considerations, nous
sommes continuellement assaillis par le tableau
si fatigant des innocents qui perissent avec les
coupables, mais sans nous enfoncer dans cette
question qui tient à tout ce qu'il y a de plus
profond, on peut la considerer seulement dans
son rapport avec le dogme universel, et aussi
ancien que le monde de la reversibilite des dou-
leurs de l'innocence, au profit des coupables »
On declare volontiers que tout est bien, eh!
non, tout est mal en un sens De Maistre a qui
les evenements publics arrives durant sa jeunesse ont fait la même impression que les evénements de la Renaissance sur Machiavel, a le

1 *Considerations sur la France* 2° édition Londres 1°9°,
1 vol in 8, chap 3, p 53

meme genre d'intelligence que lui. Entre le bourreau des *Soirees de Saint Pétersbourg* et le *Prince*, il y a des analogies evidentes. Ce sont des instruments d une volonte inconnue et su perieure Seulement ou Machiavel met la for tune, De Maistre voit l'action de la Providence En ce qui touche Machiavel, Napoleon est l he ritier de la tradition jacobine et il y met l'em portement que comporte un caractère comme le sien Il a ete jacobin, ami de Robespierre on l a meme appele Robespierre a cheval Il a assiste aux fêtes de la Terreur, y a pris part Le tragique qu il y a dans sa course a travers le Monde, est d essence jacobine ou machiavéli que, ce qui revient au meme Comme Machiavel et les Jacobins, il n est contenu par aucun lien, par aucun prejuge d'education, de condition, ou de vie anterieure. Il a vu tout penser et tout faire. Il croit comme Machiavel a la fortune, au destin, a ce qu'il appelle son étoile, a la supe riorite du genie, au droit que sa supériorite lui donne, qui est la même chose que ce qu'on nomme le droit divin, celui des rois, des fondateurs

d'empire, qu'il etendrait au besoin aux fonda
teurs de culte Il aurait fonde un culte si la for
tune l'eût fait naître dans un siecle et dans un
pays ou cela eût ete possible. Le *Prince* de Ma
chiavel, est une puissance salutaire qui delibere
avec elle meme et n'a de compte a rendre a personne de ses resolutions Napoleon est lui aussi
une puissance solitaire qui delibere avec elle-
meme et n'a pas de juges parmi les hommes
« La conduite d'un homme d'Etat, lui fait dire
madame de Rémusat dans ses *Memoires*, doit
etre jugee par des regles qui lui sont propres,
non par les regles qui dirigent la vie privee »
C est le fond du *Prince* et peut-etre un emprunt
De meme aussi que le *Prince*, Napoleon n'obeit
qu'a son intéret, qu'il confond avec celui de
l Etat, car l'Etat c'est lui, d'une façon bien plus
effective que sous le regne de Louis XIV. Pareillement, il est persuade que les hommes n'o-
beissent qu a leur interêt C est encore la pensee du *Prince* et l'enseignement de Machiavel.
Quoi qu'il en soit, l homme d'Etat, le fondateur
d'un empire, c'est-à-dire, lui Napoleon, ne doit

obeir qu'a son intérêt qui est l intérêt commun,
par suite l'interêt de chacun au-dessous de lui
« Elevez votre imagination, disait-il a Metternich[1] , regardez plus haut, vous verrez que ces
hommes d Etat qui vous paraissent violents,
cruels et dont je suis un, ne sont que des hommes politiques qui savent dominer leurs passions, et calculer au mieux les effets de leurs
actes. J ai verse du sang et je le devais , j en
verserai peut-être encore, mais sans colere
parce que le sang entre dans les prescriptions
de la medecine politique. Je suis l'homme de
l'Etat » C'est absolument ce que fait le *Prince*
de Machiavel, au nom du même intérêt, la Raison d Etat.

Metternich qui fut un des bons disciples de
Machiavel, bien qu il s en defende, n est pas du
tout scandalise de ce discours Je sais, dit-il de
Napoleon, qu'il admirait beaucoup Machiavel Ce
n'est pas que Napoleon fut méchant comme on
pretend que Machiavel l'etait, assertion que Met

1 *Memoires* du prince de Metternich t Ier, pp 28″-292
de la première édition

ternich evite avec soin de répeter. Il examine le problème de savoir si Napoleon etait bon ou mechant « A un homme comme Napoleon, dit-il, ni l une ni l'autre de ces deux epithetes n est applicable, au sens qu'on leur donne ordinairement Pieoccupe de sa grande entreprise, il avançait toujours, brisant tous les obtacles qu'il rencontrait en chemin, sans pouvoir jamais arrêter son char. Il avait deux faces comme homme privé, il etait bon et traitable, comme homme d'Ltat, il n'avait aucun sentiment[1] » Le sang entre dans les prescriptions de la medecine politique C'est la methode du *Prince* et comme le heros de Machiavel, Napoleon est un prince nouveau, oblige de recourir a des mesures auxquelles les princes par voie d heredite, ne sont pas contraints de se soumettre Machiavel aussi fait verser du sang au *Prince* Celui-ci le fait par necessite La necessite est son excuse Moise le faisait bien. « Quiconque, lit on dans le *Prince*, lira la Bible de sens rassis . verra que Moise pour rendre ses lois inviolables, fut con-

---

1 *Memoires* du prince de Metternich, *loc cit*

traint de faire mourir une infinite d hommes qui, par envie, s opposaient a ses desseins. » Il donne le texte de l ecriture *Et occidat unus-quisque fratrem, et amicum et proximum suum*

Les idees du *Prince* n'étaient pas seulement dans la pensee et la conduite de Napoleon, il ne se nourrissait pas seulement de la lecture du *Prince*, qu il emportait en campagne a l exemple de Charles-Quint, il etait possede du desir de faire partager son gout autour de lui Du reste, comme tout ce qui le preoccupait était un intérêt d'Etat, il entreprit d'associer les lettres, la presse, son personnel diplomatique a refaire a Machiavel une reputation Ce fut en 1802 que le Premier Consul fut saisi de ce zele Les salons furent mis en requisition, les journaux avertis, les familiers des Tuileries chargés d intervenir dans les cercles qu ils fréquentaient « Je ne sais pas ce qui est arrive depuis peu, ecrit Morellet [1] J entends dans toutes les sociétés des

---

1 L article de Morellet a été réimprimé après sa mort et figure dans ses *Melanges de littérature* Paris 1818 4 vol in 8°

jugements sur le mérite de Machiavel et de
Tacite, comme politiques et comme historiens,
et des comparaisons entre l'un et l autre dans
lesquelles on met quelque prevention et quelque passion » C était l ordre du jour qu on dis-
cutait Il y eut plus de bruit que d'effet Quelques
articles, quelques memoires, l'intervention
assez banale de M de Rayneval dans un ouvrage peu repandu, furent tout le fruit de cette
mise en scene Elle venait trop tard Le *Prince*
n'interessait que le Prince La politique etant
interdite de fait, il etait inutile de vouloir amener l'opinion a se passionner sur un point
special

Pourquoi le Premier Consul dans cette affaire
associe-t il le nom de Tacite a celui de Machiavel ? Le rapprochement est digne de lui Napoleon est peut-etre le premier qui l'ait fait L'historien des Césars romains avait fixé l'attention du
Cesar moderne Il n'aimait point Tacite Tacite
est un juge severe, atrabilaire, mécontent Son
eloquence tribunitienne a le don de remuer
ceux qui le lisent et de les mal disposer envers

le pouvoir, c'est un artifice de Tacite qui est
cesarien Mais la forme chez lui emporte le fond
C'était la forme de Tacite que Napoleon n'aimait
pas Il avait pourtant decouvert que Tacite avait
eté le precepteur de Machiavel Celui ci en effet
a puise dans Tacite le gros de sa doctrine, la
theorie de la Raison d'Etat, le gout de la politi
que, l'amour de la patrie Il a applique les idées
de Tacite aux recits de Tite-Live Il y est revenu
dans le *Prince*, en appropriant les idees de Tacite
aux conditions de l'Italie de la Renaissance Napoleon avait fait cette découverte Il ne confon-
dait point Tacite avec les Ideologues C'etait le
ton qu'il blâmait, cependant il appréciait dans
Tacite le théoricien de l'Autorite, le disciple
de la fortune, le casuiste stoïcien, l apologiste
de la gloire et du *cursus honorum*

Napoleon etait stoicien Il lui aurait plu de
former en France un Patriciat militaire et une
école de fonctionnaires sur le modele stoïcien.
Ce sont les Stoïciens qui, au debut de notre ère,
ont formulé une morale politique fondee sur
l'omnipotence de l Etat et le culte de la Patrie

romaine, vanté l ambition comme la vertu par
excellence, celle qui donne l'amour de l'action
et le mepris de la mort Ils étaient moroses et
tristes Leur Dieu n etait point au ciel c'etait le
pouvoir Les honneurs qu'il procure, etaient la
recompense offerte aux fidèles. Avec le tempe-
rament des Romains au sortir des guerres civiles du siècle de César, cette doctrine compor-
tait des perils a affronter et une rude education
Il y avait au service de l'Etat, sa tête a risquer
tous les jours, la fortune a braver, une lutte a
soutenir contre le monde inferieur et passif
des disciples d Epicure, contre la concurrence,
contre le caprice du maître L ennemi a vaincre,
dans le domaine de la vie pratique, c'etait l'ecole
d'Epicure, ecole politique aussi, personnifica-
tion de la vie bourgeoise, contente de vivre a
l ecart loin du tumulte et des embarras de la vie
publique, meprisant le bruit, les honneurs, les
fonctions politiques comme incertaines et sujettes a trop de déboires L'ecole epicurienne
etrangère au culte de la Raison d Etat, au sentiment patriotique, a l'estime de la gloire, pepi-

nière ou le Christianisme devait rencontrer le plus grand nombre de ses adhérents, menaçait aussi la societe au dessus de laquelle était place Napoleon Il aurait voulu secouer ces éléments hostiles, leur opposer une ecole stoicienne dont lui et ses generaux auraient eté les chefs, un Patriciat français ayant pour idéal la grandeur de l'Etat et la fureur de la gloire Tacite aurait pu servir a cela malgre ses défauts, mieux que Machiavel, car Tacite a la hauteur du caractère qui manque a l auteur du *Prince* Napoleon menait de front tous les projets Tel est le motif de l'association dans son esprit des noms de Tacite et de Machiavel.

D'autres motifs que leurs doctrines, les lui rendaient sympathiques Ce sont des mélancoliques La tristesse coule de la plume de Tacite comme une vapeur qui vous pénètre jusqu'aux os Celle de Machiavel n'est pas moindre « Il y a des livres, ecrit Descartes ¹ du *Prince*, dont la

---

1 Lettre à madame Elisabeth 1646 t IX, p 400 de l édition des *OEuvres de Descartes*, publiée par Victor Cousin

lecture n est pas si propre à entretenir la gaieté, qu a faire naître la tristesse.» Il semble à Descartes que Machiavel, contre son intention, a songe a montrei au lecteur la misere des gens au pouvoir « de façon a ce que les particuliers qui le lisent, ont moins de sujet d'envier leur condition — la condition des gens au pouvoir — que de la plaindre » Descartes est un contemplatif Pour lui, le monde est un spectacle ou il vaut mieux être spectateur qu acteur, les hommes d action sont des gens tristes et mecontents de la vie, qui se jettent dans la melée des choses humaines, afin d'echapper à l'ennui qui les ronge C'est un point de vue Il convient assez bien a Napoléon Lieutenant d'artilleiie, oisif dans une garnison de province, le suicide lui sourit Plus tard, il ecrira — mon cœur se refuse aux joies communes comme a la douleur ordinaiie — Son livre de chevet est Ossian, le chantre monotone de la guerre des landes faite par des guerriers qui ressemblent a des Peaux-Rouges Les scènes de la Terreur avaient peut-ctre creé en lui cette disposition Il avait eté

pauvre, proscrit, isole, reduit à s'appliquei
à lui-même les paroles de Dante

.   Si ch a te fia bello,
Aver ti fatta parte, per te stesso

« Tant qu'a toi, il sera beau de t'être fait un
parti de toi-même. » Il se l'etait fait, par plus
d'un côte, il etait de la famille du *Prince* de Machiavel On lui prête ce commentaire du prince[1]
« Or, le livre de Machiavel est en politique, pour
les temps difficiles et la maladie des Etats, ce
que les plus rigoureux préceptes de la chirurgie
et de la médecine sont pour les grands maux de
l'économie animale, dans les individus. Il se
compose de raisonnements historiques et d'ex-
periences sur les moyens quelquefois violents
sans lesquels n'eût pu revenir au bonheur de
l'ordre et aux charmes de la civilisation, cette
Italie qui des lors et par cela même, s'y perfec

1 *Machiavel commente* par Napoléon Bonaparte, manuscrit trouvé dans le carrosse de Bonaparte après la bataille de
Mont Saint-Jean, le 18 juin 1815, Paris, 1816 in 8° L abbé
Guillon, éditeur de ce manuscrit, prête à Napoléon des dis
cours qu il a tenus en plusieurs circonstances mais qu il n a
pas songé à donner comme un commentaire de Machiavel

tionna bien plutôt que toutes les autres contrees de l'Europe Quiconque sans être ni politique ni tacticien, jugerait partiellement avec une âme philanthropique chacune des manœuvres perfides ou barbares d'une bataille, aurait le droit de prendre en horreur la victoire qui vient en quelque sorte les justifier Quiconque ignorant que l'harmonie dérangee dans la nature, ne s'y retablit que par des chocs effrayants qui semblent la decomposer, blâmerait ces orages et ces foudres par lesquels son modérateur suprême y ramène l'ordre et la serénite, serait un sot bien temeraire et bien ingrat Tel serait le censeur ideologue qui voulant les effets sans les moyens et les causes, vouerait indistinctement a l exécration certains expédients qui pour être envisages avec horreur par son esprit trop etroit, n'en sont pas moins indispensables pour rendre au corps social, la santé [1] » Ceci est sans doute la pensée de Napoleon, on ne saurait la méconnaître Ce n'en est pas le style.

Les vicissitudes de son etrange carrière expli-

[1] *Machiavel commenté*, p 32.

quent tout ensemble sa melancolie invincible
et l attrait que lui inspirent les moyens de
Machiavel

> Tutto ei provo, la gloria
> Maggior dopo il periglio,
> La fuga e la vittoria,
> Lo reggio e il triste esiglio ,
> Due volte ne la polvere,
> Due volte sugli altar
> Et si nomô   due secoli
> L'un contro l'altro armato
> Sommessi a lui si volsero,
> Come aspettando il fato
> Ei fe silenzio ed arbitro
> S'assise in mezzo a lor

« Il eprouva tout, la gloire plus grande après
le péril, la fuite et la victoire, la royauté et
le triste exil, deux fois dans la poudre, deux
fois sur l autel Il se nomma deux siecles l'un
contre l'autre armes se tournerent vers lui,
comme attendant leur sort Il fit silence et
s'etablit arbitre entre eux [1]. »

[1] Manzoni

III

Sans avoir la même figure a l horizon, l'auteur du *Prince* a subi des vicissitudes analogues Lui aussi s'est établi arbitre, non entre deux siecles, mais entre deux sociétés ennemies , lui aussi a tout eprouve Il n'eut aucune reputation de son vivant, il n'eut pas non plus a traverser l'exil Il a vecu dans la poudre sans avoir éte mis sur l autel Qu'on relise le sonnet en forme de supplique qu'il adresse à Julien de Medicis en 1513, du fond de la prison ou il est enchaîne —Julien, j'ai aux jambes une paire de chaînes avec six tours de corde sur les epaules , je ne veux pas compter mes autres misères puisqu'on

traite ainsi les poetes Les murailles sont tapis-
sees d'une vermine énorme et si bien nourrie,
qu'elle semble une nuee de papillons Jamais
il n'y eut a Roncevaux ni dans les forêts de la
Sardaigne, une infection pareille a celle de mon
délicat asile, avec un bruit tel qu il semble que
Jupiter et tout le Montgibel foudroient la terre
on enchaîne celui-ci, on déferre celui-là en bat-
tant des coins et des clous rivés un autre crie
qu'il est trop eleve de terre Ce qui me fit le
plus la guerre, c'est qu'en dormant, aux ap-
proches de l'aurore, j'entendis qu'on disait en
chantant on prie pour vous Qu ils aillent au
diable — *vadano in malora* — pourvu que votre
compassion se tourne vers moi, bon père, et
me délivre de ces indignes fers ¹ »

Machiavel n'a pas une vie de heros a opposer
aux detracteurs du *Prince* «Comme homme et

1 Le texte du sonnet a été publié pour la première fois
par le chevalier Artaud, *Machiavel son genie et ses erreurs*,
2 vol in 8°, Pa is, 1827 1833 L auto graphe du sonnet appar
tient à un amateur anglais, qui l a ach té à Florence où il
servait de marque dans les feuillets d u i vieux livre Il se
trouvait sans doute là depuis le xvi° siecle

comme caractère, dit Villari [1], il ne semble pas
avoir pesé d un grand poids parmi ceux qui l'en-
touraient, ses actes n'ont pas eu beaucoup d importance ou l'on n'y a pas pris garde. » Il s'est
borne a vivre, mais il a eu des relations Il a eu
egalement l'occasion d'assister à une tempête
historique auprès de laquelle la Revolution
française n'est qu'un episode Ne (1469) dans
une petite république, d'un petit juriste, petit
commis dans une administration, pourvu d'une
education mediocre —*piuttosto non senza lettei e
che letterato* dit Varchi — puis secrétaire du conseil des Dix durant une periode de quatorze annees (1498 1512), espion plutôt qu'agent politique auprès des puissances d alors, il a vu le pouvoir sans y parvenir, il a ete mêle a de grandes
intrigues sans que son ambition y trouvât grand'
chose à recueillir Comme recompense de longs
travaux, une revolution le prive de son modeste
emploi Le mepris des hommes et le mépris
des choses sont tout le gain de son expérience.
Il écrit en 1515, trois ans après sa révocation

1 *Machiavelli e i suoi tempi*, t 1ᵉʳ p 302

de secrétaire du conseil des Dix « Tout ce que j'ai vu, tout ce que j'ai lu, ne m'a pas appris à goûter les actions des hommes, ni les motifs qui dirigent leur conduite » Est-ce la politique qui lui a fourni ce sentiment, car c'est un sentiment et non une opinion ? oui, ce fut la politique On en faisait beaucoup à Florence et en Italie, terre classique de la politique Tout le monde en faisait C'était la profession des grands et des petits Lui-même a passé sa vie à en faire A mesure qu'il avance dans la vie, la plaie qu'il a à l'âme, s'élargit La haine court les rues avec le mépris Les siècles ou l'on fait beaucoup de politique sont les siècles ou l'on hait beaucoup, ou par suite, on souffre beaucoup La haine, en effet, n'est point un mal qu'on fait a autrui, mais un mal dont on est victime Ce n'est pas qu'il eût une vocation politique Le hasard et les circonstances l'ont poussé dans cette direction « La fortune, écrit il en 1513, entre deux chapitres du *Prince*, la fortune n'a pas voulu que je pusse raisonner sur l'art de la soie Ne sachant parler ni de gain ni de perte, je suis forcé de

m'occuper des affaires d Etat je dois me decider
a me taire ou a parler politique » Ce qui l'aigrit
davantage que la politique, c'est la pauvrete
Elle pese sur chacune de ses heures, elle ne lui
permet d'avoir ni l'indépendance, ni la libre disposition de son esprit En outre elle l'empêche
d'agir quoiqu'il ait les qualites essentielles a un
homme d action Elle lui occasionne d'autres
inconvenients elle le force a ramper Enfin il a
le gout du plaisir et elle y est un obstacle presque absolu A San Casciano, ou il se retire sur
son petit domaine apres la perte de son emploi et
les epreuves qui ont suivi cette perte, l'indigence
et l'oisivete epuisent ce qu il a d'energie

Alfred de Musset qui est alle a l'hypocondrie
par un autre chemin que Machiavel et qui a lu
la lettre du 10 decembre 1513 dont il sera question tout a l heure, comprend a merveille les
pensees qui hantent l'auteur du *Prince*, accule
dans sa retraite de San Casciano

O Machiavel! Tes pas retentissent encore
Dans les sentiers deserts de San Casciano
La, sous des cieux ardents dont l air seche et devore,

Tu cultivais en vain un sol maigre et sans eau
Ta main, lasse le soir d avoir creusé la terre,
Frappait ton pale front dans le calme des nuits
La tu fus sans espoir, sans proches, sans amis
La vile oisiveté, fille de la misere
A ton ombre en tous lieux se trainait lentement
Et buvait dans ton cœur les flots purs de ton sang.
Qui suis-je? ecrivais tu, qu'on me donne une pierre,
Une roche à rouler c'est la paix des tombeaux
Que je fuis et j tends les bras, la du repos
C'est ainsi, Machiavel, qu'avec toi je m ecrie
O mediocrite ! celui qui pour tout bi n
T'apporte à ce tripot degoûtant de l i vie
Est bien poltron au jeu, s'il ne dit tout ou rien

Machiavel l a dit plusieurs fois, plusieurs fois
il n'est venu rien Il est pourtant venu le *Prince*,
mais quand le *Prince* aurait pu lui être en aide,
Machiavel etait mort

Dès le début de sa carrière administrative,
Machiavel se sent au-dessus de sa fonction de
secretaire du conseil des Dix, comme au-dessus
des missions qu'on lui confie et qui se réduisent
a voir et a raconter ce qu il a vu, car il n'a
pas de rang diplomatique, et lorsqu'on a une
affaire importante a traiter on envoie un

homme plus considerable que lui. Il a de la
patience neanmoins Le mouvement auquel il
se livre, lui donne le change Il est toujours
par voies et par chemins Il agrandit comme
il peut le role auquel on le réduit, se charge
sans cesse de ce dont on ne l'a pas charge
Il s'abouche avec les rois, noue des negocia-
tions avec leurs ministres, accable le conseil
des Dix de projets et d insinuations Il est inca
pable de tenir en place Un de ses amis de Florence lui ecrit en 1502 au cours de sa mission
aupres de Cesar Borgia   — *Vides igitur quo
nos inducat animus iste tuus equitandi, eva-
gandi ac cursitandi tam avidus* — « Tu ne pour-
ras te guerir de l'envie de vivre sur les grands
chemins a courir et a te donner du mal » Qu'on
juge de sa detresse lorsque depouille de l emploi
qui le faisait vivre, oblige de pourvoir a l entre-
tien d une nombreuse famille, il est condamne
a une oisivete déshonorante, car on lui a inter-
dit l'entree du palais des *offices* ou il a passe
sa jeunesse et ensuite on l'a confiné hors de
Florence, avec défense de quitter le territoire

florentin dans le delai d un an Precedemment
on l avait arrête, soumis a l'humiliation d'une
enquête, implique dans une conspiration a
laquelle il etait etranger, mis a la torture. Jusque-la, on aurait pu le ranger parmi ceux que
les Italiens nomment les tristes (*tristi*) Ce n'est
pas la mechancete proprement dite C'est quelque chose de moindre et de pis, c est l inquie
tude habituelle aux mecontents, a ceux qui
envient ce qu'ils n'ont pas et regardent d un œil
farouche ceux qui l'ont Sa revocation et les
mauvais traitements qui l avaient accompagnee
firent bouillonner en lui tous ces ferments Il
se venge avec sa plume Il professait jadis que
l'homme est ne pour agir, non pour ecrire (*non
a scrivere*) Il a change d avis il ecrit et c est avec
du fiel Les morceaux satiriques et cyniques de
ses œuvres, ses comedies, son âne d'or, ses poesies dites morales et qui ne le sont pas, sont de
cette epoque , une sorte de seve bilieuse jaillit de
son cerveau. Il verse des sarcasmes a pleines
mains sur les moines, sur les croyances, sur les
institutions, sur les mœurs Sa colère est féconde

et cette fecondite a cı ee un chef-d'œuvre, la *Man-
dı agoı e* que l'on compare aux meilleures pièces
de Molıere Il n'en a pas seulement la verve, ıl
a de plus ce ı ıre qu on appellerait aujourd huı
le rıı e byronıen Il ne se met d aılleurs pas en
fraıs d ınventıon ses personnages courent dans
la ıue , on les nomme, on les montre au doıgt
Il n en est pas plus heureux , ıl se plaınt (lettre
du 13 mars 1513) que la fortune se soıt faıt un
plaısır de l accableı Il resıstera S ıl restaıt « a
teııe », ıl seraıt un sot Toutefoıs, son courage
est ıntermıttent « Je vıvraı comme lorsque je vıns
au monde, luı echappe-t-ıl de dıre (9 avrıl 1514),
je suıs ne pauvı e et j aı apprıs a souffrır plus qu'a
jouır » Quın l ıl se laısse aller a ces acces de de
couragement, l exıstence pı end a ses yeux une
phy sıonomıe quı touche au vertıge Il tâche de
rısseoır son ımagınatıon et n'y paıvıent qu a
grand'peıne Son desastre luı donne des halluci-
natıons contınuelles, des mouvements frenetı-
ques Il n y a que les coquıns quı réussıssent , ıl
ınvıte Vettorı, son confıdent ordınaıre et mınıstı e
de Floı ence auprès du Saınt-Sıège, à faıre comme

les coquins, a chercher le succès « par l'effron-
terie et la ruse plutôt que par le talent et la prudence. » Sa lettre du 10 décembre 1513, à laquelle
nous avons déjà fait allusion, qui fut écrite au
lendemain du jour où il avait terminé le *Prince*
et qui est un monument de la littérature italienne, est en même temps un portrait de Machiavel dans ses conjonctures, et une esquisse
des sentiments auxquels il était en proie pendant qu'il rédigeait le monstre qui lui a valu
l'admiration et les invectives de la postérité.

Vettori l'avait invité à lui faire une visite à
Rome. Il n'ira pas, il a besoin de cuver ses déboires dans son coin. Sa journée est le poème
d'un homme qui a rompu avec le monde. « Je
me lève, dit il, avec le soleil et je me rends dans
un bois à moi que je fais couper. J'y emploie
deux heures à revoir l'ouvrage qu'on a fait la
veille et à m'entretenir avec les bûcherons qui
ont toujours maille à partir soit entre eux, soit
avec les voisins » L'administration de son petit
bien, est aussi laborieuse que celle d'un empire,
chacun essaie de le gruger. Sa visite aux bû-

cherons terminée, il se dirige vers des pieges
qu'il a tendus aux grives, puis il fait une pro-
menade avec un Dante ou un Petrarque sous le
bras « Je vais ensuite, ajoute-t-il, a l'hôtellerie
qui est situee sur le grand chemin. Je cause
avec les passants, je leur demande des nouvelles de leur pays J'apprends un grand nombre
de choses, la diversite qui existe entre les goûts
et les imaginations des hommes. Sur ces entre
faites, arrive l'heure du dîner, je mange en
famille le peu de mets que me fournissent ma
pauvre petite villa et mon chétif patrimoine Le
repas fini, je retourne a l hôtellerie, j'y trouve
ordinairement l hôte, un boucher, un meunier
et deux chaufourniers je m encanaille avec
eux, tout le restant de la journée a jouer a la
cricca ou au trictrac Il s eleve mille disputes,
aux emportements succèdent les injures , le
plus souvent c'est pour un liard que nous nous
echauffons et que le bruit de nos querelles s'entend jusqu'a San Casciano » Il reconnaît que
cette existence est grossiere , elle a le merite
d'empêcher son cerveau de moisir. Et puis il

donne carrière à la malignité de la fortune. Il
lui convient qu'elle ait choisi cette manière de
le fouler aux pieds. Il veut voir si elle ne finira
pas par en rougir.

C'est ici que le *Prince* intervient. « Le soir
venu, dit Machiavel, je retourne chez moi et
j'entre dans mon cabinet. Je me dépouille sur
la porte de mes habits de paysan, couverts de
poussière et de boue. Je me revêts d'habits de
cour ou de mon costume, et habillé décemment,
je pénètre dans le sanctuaire des grands hommes de l'Antiquité. Reçu par eux avec bonté et
bienveillance, je me repais de cette nourriture
qui seule est faite pour moi et pour laquelle je
suis né. Je ne crains pas de m'entretenir avec
eux et de leur demander compte de leurs actions.
Ils me répondent avec bonté, et pendant quatre
heures j'échappe à tout ennui, j'oublie tous mes
chagrins, je ne crains plus la pauvreté, et la
mort ne saurait m'épouvanter. Je me transporte
en eux tout entier. Et comme le Dante a dit
il n'y aura point de science si l'on ne retient ce
qu'on a entendu, j'ai noté tout ce qui dans leur

conversation m'a paru de quelque importance, j en ai composé un opuscule *de Principatibus* dans lequel j'aborde autant que je le puis toutes les profondeurs de mon sujet, recherchant quelle est l essence des Principautes, de combien de sortes il en existe, comment on les acquiert, comment on les maintient et pourquoi on les perd, et si mes reveries vous ont plu quelquefois, celle-ci ne doit pas vous être desagreable, elle doit surtout convenir a un prince et specialement a un prince nouveau Voila pourquoi je dedie mon ouvrage a la magnificence de Giuliano » Doit il dedier le *Prince* a Julien? Il le demande a Vettori qui dans sa réponse tergiverse, evite d'offrir un conseil. Comme il n a pas lu l'ouvrage, il ne sait pas que Machiavel desire obtenir la faveur de Médicis et y a mis une bonne volonté et une complaisance qui ne sontpas en opposition avec son instinct d'homme de pouvoir, mais jurent avec un passe recent et le traitement que le retour des Médicis a Florence lui a valu Le *Prince* ne fut pas dedie a Julien qui mourut en 1516, il le fut a Laurent

de Medicis mort a son tour en 1519 La dédi
cace est, selon toute vraisemblance, posterieure
a la mort de Laurent de Medicis et acceptee au
nom de sa memoire par Clement VII de qui Machiavel obtint une demi-faveur et une subven
tion qui lui permit d'ecrire l'*Histoire de Florence*

La genese du *Prince* est dans la lettre du
10 decembre 1513, a Vettori Machaviel a qua
rante-quatre ans Il est en pleine maturite, en
possession de son genie Il a reçu des evenements la leçon qu'on sait , sa carrière n a pas
repondu a ses esperances. si etroite qu'il fût
parvenu a la faire, elle avait ete brisee inopiné-
ment. Cela avait accru son amertume naturelle
deja aigrie par les conditions sociales de l'Italie
Il n'avait pas rompu aver l'ambition Dans la
retraite ou il avait cherche un si singulier refuge, il meditait un retour offensif, et se plaisait
a prevoir que le *Prince* pourrait être l instrument d'une seconde carrière Il n'est pas impossible qu'il ait encore un avenir Mon Dieu ! cet
avenir, ce sont les Médicis qui le lui fourniront.
Pourquoi pas ? Il est indifférent aux formes

de gouvernement Il a servi la République parce
qu'il l'a trouvée la a ses debuts Il aurait aussi
volontiers servi la maison de Medicis qui venait
de donner a Florence le regne prospère de Laurent le magnifique Un livre qui aiderait a consolider leur domination, lui concilierait peut-être
leur bienveillance Ce sont des princes nouveaux, ce sont les princes nouveaux qu'il a fre-
quentes dans ses *Légations* Ce sont eux qu il
connaît Il n'y a pas un mot du *Prince* rempli
de souvenirs romains qui ne soit dans le courant
que suivent les Medecis Il est humaniste comme
eux et leurs serviteurs politiques

Un jour, quand Machiavel sera mort, que son
nom sera une pierre d achoppement entre deux
partis hostiles dont chacun se targuera de l'a-
voir derriere lui, les partisans de la liberte, se
fondant sur les *Discours sur la premiere décade
de Tite-Live*, soutiendront qu'il est un des leurs,
que le *Prince* lui-même est la preuve de cette
assertion, qu'il nourrissait dans son cœur la
haine des Médicis, a l'intention desquels le livre
a ete conçu et exécuté, qu'il n avait eu d'autre

but en offrant des conseils a un tyran que de lui enseigner ce qui plaît aux tyrans, afin qu'il courût lui-même a sa perte Machiavel paraît avoir accrédite lui même cette version en 1527, après le retour momentane de la République, afin de se faire pardonner le *Prince* A Florence et au xvi° siècle, hors quelques amis personnels de Machiavel, on refusa de le croire Dans une lettre a l'historien Varchi du 23 janvier 1549, Busini[1] signale la haine dont les adversaires des Médicis poursuivent la memoire de Machiavel « Il semblait aux riches, dit Busini, que le *Prince* était un document destiné a enseigner au Duc le moyen de leur prendre leurs biens et aux pauvres la liberté Aux *Piagnoni* (pleurards, anciens partisans de Savonarole), il avait l'air d'un hérétique, aux honnêtes gens, d'un malhonnete homme, aux mechants, plus méchant qu'eux et plus habile ; de sorte que tout le monde le hait. »

Busini parle vingt-deux ans après la mort de Machiavel, alors que le *Prince* sert de tête de

---

1 Lettere di G B Busini a Benedetto Varchi, publicate per cura di G Milanesi, Firenze 1851, presso Lemonnier

Turc aux partis. Cela n'empeche pas que Machiavel, comme il le déclare dans sa lettre a Vettori et quelle que soit la recompense qu'il en espere du côté des Medicis, n'ait ecrit le *Prince* d abondance de cœur, en communaute de sentiment avec les souverains de l'Italie, les hommes d'Ltat, les humanistes et le gros de l opinion d alors D'autre part, le fonctionnaire revoqué, l homme que l ecroulement de ses esperances a rendu amer, y a mis de son humeur Il est bon de ne pas perdre de vue que le *Prince* est de 1513 Le politicien deçu qui « a appris a ne pas estimer les actions des hommes », nargue sans pitie la destinée sociale qu il livre a l'ambition d'un maitre Il goûte cette vengeance Son miserable sort lui represente le Monde comme un enfer habite par des furies Tant mieux! le Monde a ce qu il mérite L'auteur du *Prince* semble ça et la lui rire au nez Il lui montre comme on le mene et comme il se laisse mener avec une verve sardonique Il est poète aussi, la politique est sa muse Que veut-on ? il n'a pas appris a mesurer du drap comme les mercanti de la cite. La

fortune l a mis au service de la politique Il a
fini par s'en eprendre. S il ne l'avait pas fait, il
eût été impropre a sa profession. Eh bien! il
l'aime, il l'admire, il la chante. L'ambition est
l'heroine de son roman du *Prince*. Elle a des
qualites terribles Il raconte l epopee de la
dame. Cette epopee n'aura pas le don de plaire
a tous La dame aime la tragedie, elle s'adonne
au meurtre, a la trahison Il l a prise comme elle
etait Il a eu en vue de mettre en lumière les
ressources qu elle possède, le savoir-faire qui
lui appartient, les travaux d Hercule par lesquels
elle arrive a son but Son but, a lui, est moins
de la faire aimer que de la prendre au naturel
La verite, est ce qu il prefère Il ne nie pas
qu'elle ne se joue de la vie et des interêts des
mortels Cela ne regarde pas son peintre elle
est faite ainsi Si elle piétine avec tant d'indif-
ference le genre humain, ce n'est pas la faute
de Machiavel Qu'on plaigne si l'on veut le
genre humain, Machiavel ne s'y oppose pas.
Il etudie le pouvoir et la manière dont il
s'exerce, il lui suffit d'avoir raison.

IV

Le *Prince* n'est pas en entier l'œuvre de Machiavel Dans la Florence qu'il habitait, il n'y avait plus que deux classes d hommes, les gras et les maigres, — il popolo grasso e il popolo minuto — Les gras voulaient rester gras et les maigres voulaient engraisser C etait le fait des humanistes qui avaient ramene la Decadence romaine a l'état d'ideal politique et social Sous leur influence, l'ambition, le vieux ressort du monde cesarien, etait revenue, accompagnée de son cortège ordinaire, le luxe, l'usure, la bonne chère, les richesses, la libre pensee et comme instrument de ces appetits, on n'avait

pas le travail, on avait la guerre civile Des
revolutions incessantes remuaient la moindre
petite ville, qu'elle fut en Republique ou en Tyrannie Republiques ou Tyrannies, ces petits
gouvernements de l Italie de la Renaissance res-
semblaient a un conte des *Mille et une nuits*
Ils avaient couvert le pays de sang, fait de la
vie de chacun une aventure, ôte a la raison son
equilibre, et aux mœurs toute espèce de rete-
nue ou de protection legale Il n'y avait plus
que des factions et des factieux L'Europe etait
pleine d exiles italiens On n'en avait pas tant
vu, depuis les temps grecs ou dans chaque cite
il y avait le parti conservateur et celui de l opposition, le parti conservateur ayant confisque
les biens de l'autre, et le parti de l opposition
aspirant a confisquer les biens du parti conservateur, apres quoi il devenait a son tour le parti
conservateur Machiavel n'appartient pas a la
periode initiale de la Renaissance Il est arrive
quand celle-ci etait à son declin, epuisee, desa-
busée, hébétee en quelque sorte au spectacle de
son œuvre De la sa tristesse, son froid réa-

lisme, son manque de principes Les *tristes* sont en nombre dans son voisinage. Il n'y a pas un contemporain eminent du *Prince* qui ne soit atteint d hypocondrie chronique. Tel est par exemple Guichardin, l'ami de Machiavel et le plus grand historien du xvi° siecle Si la *Storia d Italia* n a pas la reputation du *Prince*, il n y a de motif a cela que la methode de Guichardin. Il evite à dessein de professer une doctrine, il pratique sans l enoncer la maxime *Scribitur ad narrandum* Ce sont les evenements qui ont t portei le poids de sa misanthropie. On avait delegue Machiavel a Carpi avec une mission presque ridicule. Guichardin lui ecrit (8 mai 1521) « Quand je songe avec combien de rois, de ducs et de princes, vous avez autrefois negocie, je me rappelle Lysandre, a qui apres tant de victoires et de trophees, on donna le soin de distribuer la viande aux mêmes soldats qu'il avait si glorieusement commandes Et je me dis alors, vous le voyez quoique la physionomie des hommes change, et que la même couleur ne fasse point partie de leur element, toutefois les memes evenements reviennent sans cesse et il n'en revient aucun que l'on n'ait vu jadis, mais comme tout change de nom et de couleur, il n'y a que les sages qui les reconnaissent. Voila en quoi l'histoire est bonne et utile, en remettant devant nos yeux et en nous faisant reconnaître et voir ce que nous n'avons jamais ni vu ni connu » C est la reedition du mot de Lucrèce *omnia semper eadem* Guichardin a un fond aristocratique et haut. Il n a point de colere contre les hommes Il n a d'ailleurs pas eu les deboires de Machiavel a subir Il n a pas non plus le même tempérament Il y a dans son ton quelque chose de sceptique et de resigné Machiavel ne doute de rien Il est sûr que les hommes sont mechants, ils l ont prouvé à sa personne, il a mesure les motifs de leur conduite Il n'hesite point a les qualifier il les a reconnus Guichardin les croirait plutôt faibles et victimes d'une necessite qui les domine Il est indulgent aux choses comme aux personnes. Il n'avance point par saccades et par axiomes a l'exemple de Machiavel. Il ne dit ni oui ni non,

il aimerait mieux croire le bien que le mal En
cas d evidence de celui-ci, il l excuse quand il
peut mais il en garde une mauvaise impression « Il avait, dit M Thiers [1], l âme un peu
triste par nature et par satiete de la vie » Ce
n etait peut etre point par nature, mais par un
exces d experience M Thiers l insinue lorsqu'il
ajoute qu a ses autres qualites Guichardin
joint « le ton chagrin et morose d'un homme
fatigue par les innombrables miseres auxquelles
il a assiste, trop morose, selon moi car l'histoire
doit rester calme et sereine, mais point cho-
quante parce qu on y sent, comme dans la se-
verite sombre de Tacite, la tristesse de l'hon-
nete homme. » Ceci est precisement ce que
Machiavel n a pas Sa tristesse n est pas celle
de la conscience qui proteste On ne sent pas a
le lire que la sienne est affectee Elle n apparait
pas, on la dirait absente et il est possible
qu elle le soit La conscience tient au moral et
Machiavel est un positiviste avant la lettre Chez
lui, le fait ne prime pas seulement le droit, il

<hr>

1 *Histoire du Consulat et de l Empire*, t XII, preface

l'exclut et meme il l est Il a moins de resistance que Guichardin C est en ce qui le concerne que sont vraies les remarques du *Diario Romano* (6 mars 1833) journal officiel du Saint-Siege, qui, ayant a chercher des circonstances attenuantes a la conduite Bonafede, eveque de Chiusi, se contente d observer que « *visse nei corrotti e procellosi tempi dei pontefici Alessandro VI Giulio II Leone X e Clemente VII* » Il a vecu dans les temps corrompus et troubles d'Alexandre VI, de Jules II, de Leon X et de Clement VII. La raison est bonne. Le *Prince* a le droit d en benéficier comme Bonafede Ce n'etait point absolument de sa faute que Machiavel etait ne dans cet état extrême de la Civilisation qu'on n'avait pas eu a traverser depuis l epoque des invasions En un sens, ce n'est pas lui qu'on accuse lorsqu on accuse le *Prince* On accuse la Renaissance, on accuse la société qu'elle avait faite, dont Machiavel est le représentant par son genie comme par les opinions qu'on lui reproche On se contredit sans le savoir, car le crime et la vertu d alors ont pousse

ensemble sur le même terrain, fecondes par le
même fumier Ils sont éclos d'une decomposi-
tion unique La Tradition accreditee par les hu
manistes est la cause de cette contradiction qui
se manifeste, chaque jour et a propos de tout
La Renaissance italienne, independamment du
desordre materiel, a la distance qui nous separe
d elle, ressemble a un brillant meteore On n'en
decouvre plus que les chefs d œuvre, on n'en
aperçoit plus que les ecrivains et les artistes
De pres, ce fut un enfer Il est vrai que la Grece
d Alexandrie fut aussi un enfer, le Siecle d'Au
guste un enfer, le Siecle de Louis XIV un enfer.
Il n importe, ce sont les quatre grands siecles
de l histoire, declarent les professeurs dans leur
chaire La ciguë de Socrate, le poison de De-
mosthene ne depaient point a leurs yeux le
Siecle de Pericles et d Alexandre ni la mort
tragique de Ciceron le Siecle d'Auguste, ils ne
connaissent de la Renaissance et du règne de
Louis XIV que les grandes renommees de l'A-
rioste, de Raphaël, de Michel Ange, de Descartes,
de Moliere, de Bossuet. Au dessous, il y avait

le desespoir et la mort, un orage social qui deracinait la vie individuelle et ne laissait aux echappes du naufrage que des souvenirs La memoire de ces maux a disparu avec ceux qu'ils ont affligés Les etoiles restent, mais elles eclairent un champ de carnage Si on cherchait bien, on verrait que les arts et les lettres dont l'eclat est cense cacher ces miseres, en ont conservé le temoignage Machiavel est un temoin On s'en prend a lui des opinions qu'il a laissees Il les a recueillies, il n'en est que le greffier Les moyens du *Prince* sont les moyens de l'epoque Il etait contemporain de Machiavel, ce gentilhomme de l'Ombrie cité par Sismondi [1], « qui avait brisé contre les murs la tete des enfants de son ennemi et egorgé sa femme grosse, apres quoi venant a decouvrir un enfant du meme homme qui etait demeuré vivant, il l'avait cloué a la porte de sa maison en trophée de vengeance comme les chasseurs y clouent quelquefois les aigles et les chats huants qu'ils ont tues » Et cette atrocité, ajoute Sismondi, n'avait

[1] *Histoire des republiques italiennes* t. XIII, p 81

pas paru extraordinaire a ses compatriotes qui
etaient habitues aux executions de ce genre
Les voyageurs trouvaient des tetes et des jambes
sur les routes, dans les fosses des villes qui
avaient eu un siege a subir On n y faisait pas
attention, c'etaient des incidents vulgaires.

Durant sa deuxieme legation a Rome, Machiavel ecrit a la seigneurie de Florence (6 octobre 1506) que l ambassadeur du roi de Castille
vient d informer Sa Saintete que l archiduc Philippe est mort a Burgos « de la fievre appelee
en Italie *mazuco* » Qu etait-ce que le mazuco ?
c etait l'epidemie nerveuse qui durant la guerre
de cent ans portait en France le nom de mal ou
danse de saint Gui « Les grandes epidemies, dit
Michelet[1], le terrible ebranlement nerveux qui
en restait aux survivants, tournaient aisement
en danse de saint Gui Ces phénomenes sont,
comme on sait, de nature contagieuse Le spec
tacle des convulsions agissait d'autant plus
puissamment qu'il n'y avait dans les âmes que
convulsions et vertige Alors les sains et les

1 *Histoire le France* t iv p 403 de la 1ᵉ édition

malades dansaient sans distinction On les voyait
dans les rues, dans les eglises, se saisir vio-
lemment par la main et former des rondes Plus
d un qui d abord en riait et regardait froidement,
en venait aussi a n'y plus voir, la tête lui tour
nait, et il tournait lui-même et dansait avec
les autres Les rondes allaient se multipliant,
s'enlaçant elles devenaient de plus en plus
aveugles rapides, furieuses a briser tout comme
d immenses reptiles qui de minute en minute,
iraient grossissant, se tordant Il n'y avait pas a
arreter le monstre, mais on pouvait couper les
anneaux, on brisait la chaîne électrique, en
tombant des pieds et des poings sur quelques-
uns des danseurs Cette rude dissonance rom-
pant l'harmonie, ils se trouvaient libres » La
danse macabre succéda bientôt a la danse de
saint Gui C'était une variete de la meme maladie. Elle amusait ceux qui n'y prenaient aucune
part directe On la mit en peinture dans les
eglises Fut-elle d abord un spectacle ? on le
suppose [1] Elle pretait a rire, ou du moins elle

1 La première édition connue de la danse macabre qui est

trahissait les sentiments familiers de ceux qu elle
attirait « Après tout, pourquoi n'auraient-ils
pas ıı? dit encore Michelet, c'etait la vraie fete
de l epoque, sa comedie naturelle, la danse des
grands et des petits » Ce l etait davantage dans
l Italie de Machiavel ou elle avait un nom spe
cial et des effets un peu differents de ce qu'elle
avait ete a Paris durant la guerre de cent ans
Dans ses *Annales d Italie,* Muratori, a l'an-
nee 1528, c'est a dire au lendemain du sac de
Rome par les lansquenets du connetable de
Bourbon, donne le *mazuco* pour une maladie
commune dans la peninsule Il nomme Padoue
comme un des foyers du *mazuco* Ceux qui l'a-
vaient, devenaient furieux, se jetaient par les
fenetres, dans les puits, dans les rivieres Les
medecins etaient impuissants L ai nee de
Charles Quint qui avait saccage Rome, avait eu
ensuite le *mazuco,* ce qu'on avait consideré

le 1485 est une edition française la première édition latine
est de 1490 et donnée par un français qui en aurait traduit les
le endes de l alleman Voir Peignot *Recherches sur les dan
es des morts* Dijon 1826

comme une vengeance divine Il y en avait de plusieurs sortes, le *mazuco* eclatait a l'impro viste, de côte et d autre, comme la peste Dans certaines contrees, on l identifiait avec la possession demoniaque Les cinq cent mille sorciers et sorcieres brules en Europe au XVI siecle, font rever Leur histoire est celle du *mazuco* Cet egarement frenetique qui prend alors une physionomie chronique, n'est pas un acci dent local Il est ne lentement de la lassitude de vivre dans un etat social voue a la douleur et au desespoir Il est si peu un accident, qu'il cree une specialite dans l art, specialité dont le *Theatrum mortis* et l *Alphabet de la mort* de Hans Holbein, sont des specimens

Machiavel a t-il eu le *mazuco* ? non, mais il en a senti le souffle Est ce parce qu il en a senti le souffle qu il a choisi Cesar Borgia comme modele du *Prince* ? pas davantage Dans cette circonstance, au contraire, il a cede a un instinct qui n'est pas souvent explicite dans ses œuvres, mais qu'il ne repudie nulle part, l'amour du bien public, de l interet du plus grand nombre.

« Apres que le duc, ecrit-il [1], se fut empare de la Romagne, il trouva qu elle avait ete gouvernee par une infinite de petits princes qui s etaient plus occupes de depouiller leurs sujets que de gouverner, et qui, sans force eux-mêmes, avaient plus servi a les jeter dans le trouble qu'a les faire vivre en paix Le pays etait infecte de brigands, dechire par les factions, livre a tous les desordres et a tous les exces » Il purge le sol de cette mauvaise herbe, le present assure, il songe a l avenir Il y deploie une prudence, une habilete, une prevoyance des difficultes a vaincre, dignes d exciter l etonnement Il n a pas de scrupules Ses moyens sont rudes , il y en a un qui consiste a detruire la race des sei gneurs qu il a depouilles Machiavel l enumere sans reflexion Ce n est pas a cause de ce moyen, qu il l a pris comme modèle il a considere en lui la puissance d'action, l'art de gouverner, les qualités eminentes de l'homme d'Etat, le patriote qui pouvait, s il avait vecu, et s il avait ete se-condé par la fortune, créer une domination du-

<hr>

1 *Le Prince* ch VII

rable, affranchir l'Italie du joug des etrangers, et lui donner l unité gage de son indépendance future

Au fait, Machiavel a peut-être obéi a des considerations personnelles On le soupçonne, durant sa legation en Romagne, d'avoir été le conseiller et le confident de Cesar Borgia, d'avoir concouru a l attentat de Sinigaglia cette opinion était repandue au XVI⁰ siècle a Florence et ailleurs Elle a ete reprise récemment ¹ et semble desormais une vérité acquise Machiavel alors aurait ete interesse a justifier la conduite de celui dont il aurait ete le complice Ia encore, il aurait cru devoir passer sur les moyens en consideration du resultat à obtenir Il a pourtant garde rancune a son maître d avoir succombé. Certes, il ne méconnaît pas son genie, il est convaincu de son merite, de son habilete, de sa

<hr>

1 Le comte L Passerini qui a collaboré à la grande édition des œuvres de Machiavel publiée sous les auspices du gouvernement italien accuse l auteur du *Prince* notes au roman intitule *Marietta de Ricci* d avoir préparé l affaire de Sinigaglia de concert avec Cesar, fait qui ressort en effet de l étude attentive des *Legations*

prudence Mais il n'estime le genie, la prudence et l habilete que si la fortune les consacre Sans le succès final, il n'y a pas de *Prince* c est la morale du livre de Machiavel et le heros du *Prince* a failli dans cette occasion Il l a pris tout de même, non sans regret ni hesitation Au lendemain de Sinigaglia, il est enchante Derriere la reussite du duc de Valentinois, il entrevoit la fin de l'ère feodale, il ecrit a la seigneurie de Florence — Lettre du 21 decembre 1502 — *La terra la tuttavia a sacco, e siamo a ore 23, siamo in un travaglio grandissimo* « Nous sommes a la fin d une ere, a la vingt-troisième heure, nous assistons a un grand travail » Puis le duc de Valentinois tombe Machiavel l abandonne aussitôt il a manqué a un principe fondamental il a echoue Dans une mission qu il eut a Rome aupres de Jules II, au mois d'octobre 1503, il est donne a Machiavel d'assister a l'agonie de la puissance de Cesar Sans doute, dit-il, Cesar a eu la fievre a l heure ou son père Alexandre VI mourait, il ne pouvait pas prevoir qu il serait malade a un moment ou il lui serait necessaire de se bien porter. La fièvre ne lui a rien ôté de ses qualités. Mais c'est déjà un mauvais signe d'avoir le hasard contre soi, un autre mauvais signe est de n'avoir pas deviné l'hostilité de Jules II. Qu'il aille à sa destinée. C'est un décret de la Providence. Machiavel ne songe à la Providence que lorsque celle-ci est en brouille avec la fortune, elle ne lui est sensible qu'à l'heure où elle châtie. La seigneurie de Florence fera bien d'imiter la Providence. «Je vous le répète, lui écrit Machiavel, il n'y a nul sujet de soutenir le Duc si vous n'y trouvez quelque avantage. Le pape aimerait mieux néanmoins qu'on lui donnât le dernier coup — *la pinta* —» C'est à voir. L'année précédente, César victorieux était un grand homme et les barons réunis afin de délibérer comment ils lui résisteraient, un congrès de faillis — *un congresso di falliti*, — aujourd'hui, c'est César qui est un failli. Mais cette oraison funèbre n'est que provisoire. En 1513, quand Machiavel revoque, sera lui-même un failli, il verra les choses d'un autre œil, et César Borgia reprendra quelque faveur dans son esprit.

Le *Prince* n'est plus ce qu'il a été, un instrument de guerre entre les souverains et leurs sujets. Il n'est plus qu'un monument historique, le tableau des mœurs politiques de la Renaissance italienne, dessiné par un des grands écrivains de la langue. Il n'y a pas à chercher en lui une opinion sur un point ou sur un autre. Ce n'est qu'un témoin désormais. Il y a aussi en lui la personnalité de Machiavel à considérer. Il est une fleur sombre dans un bouquet où s'allient les parfums les plus disparates. On le lira toujours avec fruit. Il partage avec Guichardin le privilège d'avoir fondé une école, celle du réel en histoire. L'un et l'autre aiment à regarder l'homme comme il est, et non pas comme on préfère qu'il soit. Ils ne le vantent pas plus qu'ils ne se vantent eux-mêmes. J'affirmerais, dit Botta[1], que les historiens de cette classe sont plus véridiques relativement aux causes et aux motifs des actions et peut-être les plus utiles de tous, si l'on veut s'attacher à ce qui est gouvernement

1 Parallèle de Machiavel et de Guichardin dans la préface de la *Storia d'Italia* éditée par lui à Paris, en 1832.

des Etats   si l'on veut s'attacher a méditer sur
l'art de vivre dans une patrie pour la bien servir
sans trop l aimer Ces ecrivains cherchent le but
et ne se donnent aucun souci du moyen, vice ou
vertu, peu leur importe pourvu qu on arrive
Ce sont des narrateurs terribles, mais des narrateurs tels qu'ils pénètrent profondement dans
l'egout du cœur humain ᛫ La vertu ne les cor-
rompt pas, le mal ne leur fait pas peur, l amour
de la patrie ne leur trouble pas le jugement
« L'un et l'autre étaient de grands professeurs
dans l'art sinon de bien vivre, au moins de bien
juger »

C'est a ce titre que le *Prince* demeure en matière politique, ce que les *Maximes* de La Roche-
foucauld sont en morale, l'un raconte les pensees de la Renaissance italienne, l autre celles de
la Fronde Ce sont des moralistes L œuvre de
chacun est un *Manuel* destiné à refroidir les
illusions dont la poésie se plaît a bercer notre amour-propre

L DÉROME

LE PRINCE

NICOLAS MACCHIAVELLI

AU

MAGNIFIQUE LAURENT DE MEDICIS[1]

FILS DE PIERRE DE MEDICIS

Ceux qui veulent gagner les bonnes grâces
d un prince ont coutume de lui offrir ce qu'ils
possèdent de plus rare, ou ce qu ils croient être
le plus de son goût, comme des pierres precieu
ses, des etoffes d or, des chevaux et des armes
d un prix proportionne a la grandeur de celui
a qui ils en font hommage Le desir que j ai de

1 1492 1519, mort duc d Urbin

me présenter a vous avec un gage de mon dé
vouement ne m a fait trouver parmi tout ce qui
je possede rien que j'estime davantage, ou qui
soit plus precieux pour moi, que la connais
sance des actions des hommes célèbres, connaissance acquise par une longue experienc
des temps modernes, et par la lecture assidue
des anciens[1] Les observations que j ai été à
même de faire avec autant d exactitude que de
reflexion et de soin je les ai rassemblées dans
le petit volume que je vous adresse et quoi-

1 «Les deux écoles des grands hommes» La reine Chris
tine de Suède

(a) Nous reproduisons ici quelques unes des notes que la
fille de Gustave Adolphe a mises en marge d un exemplaire du
Prince le la traduction d Amelot le la Houssaie A la date
de 1684 Christine vivait alors retirée à Rome ou elle mourut
en 1689 A la fois heroine politique et machiaviliste comme
on disait dans son cent urie elle en general du *Prince* les
opinions qu en avaient les souverains de son temps Elle y
montre aussi son caractère qui n est pas ordinaire Les notes
de Christine ont paru pour la premiere fois en appendice au
tome II de l ouvrage de Villari intitulé *Niccolo Macchiavelli
e i suoi tempi* (Firenze 1877 1882 3 vol in 8) Elles sont
inconnues en France sauf quelques unes insérées par nous
même dans l *Histoire de la reputation de Machiavel* (voir
le *Correspondant*, mai octobre 188)

que je juge cet ouvrage peu digne de vous etre offert, je compte cependant assez sur votre bonte, pour esperer que vous voudrez bien l agreer Considerez que je ne puis vous offrir rien de mieux que de vous procurer les moyens d'acquerir, en tres peu de temps, une experience qui m'a coute tant de peine et tant de dangers

Vous ne trouverez dans cet opuscule, ni un style brillant et pompeux, ni aucun de ces vains ornements dont les auteurs cherchent a embellir leurs ouvrages Si le mien a le bonheur de vous interesser, ce sera uniquement par l'importance du sujet, et peut etre aussi par la solidite des réflexions, autant que par la verite des faits qui y sont rapportes

Il paraitra peut etre temeraire a moi, ne dans une condition obscure, d oser donner des regles de conduite a ceux qui gouvernent Mais comme ceux qui ont a dessiner des pays montagneux se placent dans la plaine, et sur des lieux eleves lorsqu ils veulent lever la carte d un pays plat, de meme, je pense qu il faut etre prince pour

bien connaître la nature et le caractère du peuple, et plébéien pour bien connaître les princes.

J'ose donc espérer que vous accueillerez ce
faible hommage, en appréciant l'intention qui
me fait vous l'offrir, et que vous rendrez justice
au désir ardent que j'ai de vous voir remplir
avec éclat, les hautes destinées auxquelles votre
fortune et vos grandes qualités vous appellent.
Si, du rang où vous êtes élevé, vous daignez
jeter un regard de bonté sur moi, sur les persé-
cutions auxquelles je suis en butte, vous vous
convaincrez de mon innocence, et de l'injustice
de mes ennemis.

CHAPITRE PREMIER

COMBIEN IL Y A DE SORTES DE PRINCIPAUTÉS, ET PAR QUELS MOYENS ON LES ACQUIERT

Tous les États, toutes les souverainetés qui ont ou qui ont eu autorité sur des hommes, ont été et sont ou des republiques [1] ou des principautés.

Les principautés se distinguent en héréditaires dans la même maison qui règne depuis longtemps, ou en nouvelles

Parmi les nouvelles, les unes sont ou entie-

---

[1] Machiavel a traité le sujet des républiques dans les *Discours sur la première decade de Tite Live*, l 1er ch 2

rement nouvelles, comme l etait celle de Fran
çois Sforce[1] a Milan ou bien, ce sont comme
des membres reunis a l'Etat hereditaire du
prince qui les acquiert, tel est le royaume de
Naples a l egard du roi d Espagne[2].

Ces Etats ainsi acquis, ou vivaient sous un
prince, ou jouissaient de leur liberte On s'en
rend maître, ou par les armes d'autrui, ou
par les siennes propres, ou par quelque evenement heureux, ou par son courage ou son talent

1 Duc de Milan en 1450 mort en 1466
2 Ferdinand d Aragon dit le Catholique

CHAPITRE II

DES PRINCIPAUTÉS HÉRÉDITAIRES

Je ne parlerai pas ici des républiques, j'en ai traité amplement ailleurs [1], je ne m'arreterai qu'à la principauté seule, et en suivant les divisions que je viens d'indiquer, j'examinerai comment on doit gouverner ces sortes d'États et les conserver

Je dirai d'abord qu'on a bien moins de difficulté à maintenir les États héréditaires accoutumés à la famille de leur prince, que les États

[1] Dans ses discours sur Tite Live

nouveaux. En effet, il suffit a ce prince de ne
pas outre-passer l'ordre et les mesures établies
par ses predecesseurs et de ceder a propos aux
evenements[1], en sorte qu'avec une habilete ordinaire, il se maintiendra toujours dans ses Etats,
a moins qu'il n'en soit depouillé par une force
infiniment superieure[2], et dans ce cas-la meme
il pourra s'y retablir pour peu que l'occupant
eprouve des revers de fortune[3] Nous avons pour
exemple en Italie, le duc de Ferrare, qui n'a re-
siste aux Venitiens en 1484, et au pape, Jules II,
en 1510, que parce qu'il était ancien souverain dans ce duche[4] Le prince naturel, ayant
moins d'occasion et de necessite de vexer est
sujets en doit etre plus aime, or, si des vices
extraordinaires[5] ne le font point hair il est na-

1 Il ne suffit pas — Christine

2 Il est difficile aux princes héréditaires d'être depouil
les — Christine

3 Il a raison — Christine

4 Alphonse d'Est, que Jules II excommunia et voulut de
pouiller de son duché

5 On ne hait guere les vices des princes regnants — Chris
tine

turel qu'ils aient de l'inclination pour lui C'est
dans l'ancienneté et la longue duree d'un gouvernement que se perdent ou les souvenirs, ou
les occasions d'un changement , car chaque
mutation laisse des pierres d attente pour une
nouvelle

CHAPITRE III

DES PRINCIPAUTÉS MIXTES

Mais c'est dans une principauté nouvelle que
se trouvent les difficultés Et d'abord si elle
n'est pas toute nouvelle, mais qu'elle soit comme
un membre incorporé a une autre souveraineté,
ce qu'on peut appeler souveraineté mixte, ses
mutations naissent des difficultés qu'éprouvent
naturellement les principautés nouvelles , or,
dans celles-ci les sujets changent volontiers de
maîtres, croyant gagner au changement Cette
opinion leur fait prendre les armes contre celui
qui gouverne, ils se trompent cependant, et ils
s'aperçoivent bientôt que leur situation n'a fait
qu'empirer. Cette détérioration de leur position

est une suite naturelle et necessaire du changement[1] même qu'ils viennent d eprouver En
effet tout nouveau prince est force de vexer
plus ou moins ses nouveaux sujets, soit par la
presence des gens de guerre qu'il est oblige d'a-
voir, ou par une infinite d'autres maux qu'entraîne après soi une acquisition nouvelle, en
sorte que vous avez pour ennemis tous ceux
que vous avez offenses en occupant cette prin
cipaute, et vous ne pouvez conserver pour amis
ceux qui vous y ont place En effet vous ne
pouvez remplir les esperances qu ils avaient
conçues de vous, vous ne pouvez egalement
employer vis-a-vis d'eux des moyens rigoureux,
etant leur oblige car quoiqu'un prince soit en
force, il a besoin de la faveur des habitants d'une
province pour y entrer Mais c'est pour cette
raison que Louis XII, roi de France, s'empara
promptement de Milan et le perdit tout aussitôt
Les forces seules de Ludovic Sforce suffirent

1 Minore discrimine sumi principem quam quæri il y a
moins d inconvénients à garder le prince que l on a qu à en
chercher un autre L'asseition est de Tacite Je pense qu il
a raison — CHRISTINE

pour l'arracher une première fois d'entre ses mains. Mais le peuple, qui avait ouvert les portes au roi, se trouvant bientôt détrompé de l'espérance qu'il avait eue d'un meilleur sort, se dégoûta bientôt du nouveau prince.

Il est bien vrai qu'après avoir reconquis un pays rebelle, on ne le perd pas si facilement. Le Prince prend occasion de la rebellion pour être moins réservé sur les moyens qui peuvent lui assurer sa conquête. Il punit les coupables, surveille les suspects et se fortifie dans les endroits les plus faibles. Aussi, pour faire perdre le Milanais à la France la première fois, il ne fallut que quelque mouvement sur ses confins de la part de Ludovic Sforce, mais pour le lui enlever à la seconde, on eut besoin de se liguer avec d'autres États contre les Français, de détruire leurs armées et de les chasser de l'Italie, tout cela par les motifs que nous venons d'énoncer.

Néanmoins le Milanais fut enlevé une première et une seconde fois, à son nouveau maître. Nous avons parlé des raisons générales

qui devaient le lui faire perdre la première fois,
il nous reste à examiner les motifs de la seconde, et à parler des moyens qu'avait à em
ployer le roi de France, ou tout autre prince qui
se serait trouvé dans la même situation que lui
pour pouvoir se maintenir mieux qu'il ne le fit

Je dis donc que les États conquis pour être
réunis à ceux qui appartiennent depuis longtemps au conquérant, sont ou ne sont pas limi-
trophes de ces derniers, et qu'ils ont ou n'ont
pas la même langue Dans le premier cas, rien
de si facile que de le contenir surtout si les
habitants ne sont pas accoutumés à vivre
libres Pour le posséder sûrement il suffit d'a-
voir éteint la lignée des anciens princes [1] En
leur conservant, dans tout le reste, leurs anciennes coutumes et leurs mœurs, pourvu qu'il
n'y ait pas antipathie nationale, ceux-ci vivent
tranquillement sous leur nouveau prince c'est
ainsi que nous avons vu la Bourgogne, la
Bretagne, la Gascogne et la Normandie depuis

[1] Cette façon de s'assurer la possession d'un État est un
des principaux griefs articulés contre **Machiavel**

si longtemps unies pareillement a la France
Quoiqu il y ait quelque difference dans le lan-
gage, neanmoins les habitudes, les mœurs
s y ressemblent et peuvent se concilier Pour
qui acquiert ces sortes d Etats et veut les conserver, il suffit de deux conditions l'une, que
la famille de l ancien souverain soit eteinte
l autre, de ne point alterer leurs lois, ni aug-
menter leurs impôts, en peu de temps ces nouveaux Etats se marient et se confondent, de ma
niere a ne faire qu un avec l ancien

Mais quand on acquiert la souveraineté d'un
pays qui differe du sien, par la langue, les
mœurs et les dispositions interieures, c est là
que se trouvent les difficules, et qu il faut avoir
pour s y maintenir autant de bonheur que d'ha
bilete

L un des plus grands moyens et des plus
prompts a employer par le nouveau prince,
serait d'y aller habiter c'est ce qui en rendrait
la possession et plus durable et plus sure
Ainsi en a use le Turc par rapport a la Grèce ,
malgre toutes les precautions qu'il eut prises

pour conserver ce pays sous sa domination, il
n y serait pas parvenu s'il n etait alle l habiter
Étant sur les lieux, on voit naître les desordres
et on y remedie tout aussitôt Quand on est
absent, on ne les connait que lorsqu ils sont si
grands qu il n y a plus de remede En outre,
cette nouvelle province n est point pillee par
ceux qui y commandent en votre nom Les
nouveaux sujets jouissent de l avantage d'un
prompt recours au prince , ils ont plus d'occasions de l aimer s il veut se bien conduire, ou
le le craindre s il veut se conduire autrement
Parmi les etrangers, celui qui voudrait attaquer
cet Etat est retenu par la tres grande difficulte
qu'il y a a l enlever a un prince qui l habite

Un autre moyen excellent, c'est d envoyer
des colonies dans une ou deux places qui soient
comme les clefs du pays Il faut ou employer
cette mesure, ou y tenir beaucoup de troupes.
Les colonies coûtent peu au prince Elles ne
font tort qu'a ceux que l'on veut punir ou qu on
redoute, et a qui on a enleve, et leurs terres
et leurs maisons, pour les donner a de nou-

veaux habitants comme ils forment le plus petit nombre, et qu ils sont par la disperses et appauvris, ils ne peuvent jamais nuire[1] D'un autre côte, tous ceux a qui on ne fait aucun tort, se tiennent naturellement en repos, ou craignent, s ils venaient a remuer, le sort de ceux qu on a depouillés D'ou je conclus que ces colonies coûtent peu, sont plus fidèles au prince, ne blessent que le petit nombre d indivdus qui, etant depouillés et disperses, sont hors d'etat de nuire, comme je l'ai déja dit car on ne doit pas perdre de vue qu il faut ou gagner les hommes, ou s en defaire[2] Ils peuvent se venger des offenses legeres, mais les graves offenses leur en ôtent la faculte Or, l'offense faite a un homme doit être telle, que le Prince n ait pas a en redouter la vengeance

Mais si, au lieu de colonies, vous y tenez de nombreuses troupes, vous depensez infiniment

---

1 Il faut craindre ceux qui n ont rien à perdre, s ils ont du cœur — CHRISTINE

2 Tout ceci ne serait pas sot s il n était impie — CHRISTINE

plus, et tous les revenus du pays se consomment en frais de garde et de defense, en sorte que le Prince a plus perdu que gagne a l'acquerir Les torts qu'il fait sont d autant plus grands, qu'ils s'etendent indistinctement a tous les habitants, qu'il fatigue par les marches, les logements et le passage de ses troupes Cette incommodite se fait sentir à tous, ils deviennent tous ses ennemis dangereux, car, quoique battus, ils restent dans leurs propres foyers Par toute sorte de raisons cette garde est aussi inutile que les colonies que nous avons proposees sont avantageuses

Le nouveau souverain d'un Etat distant et different du sien doit encore se faire le defenseur et le chef des princes voisins les plus faibles, s'etudier en même temps a affaiblir l Etat voisin le plus puissant, il doit empecher surtout que, dans aucun cas, nul etranger aussi puissant que lui n y mette les pieds, car il y en arrivera qui seront appelés par les mecontents, ou par ambition, ou par crainte comme on vit les Etoliens appeler les Romains en

Grece , et, dans toutes les provinces ou ils en-
treient, ils furent toujours appelés par les habitants du pays Le raison en est simple toutes les fois qu un etranger puissant entre dans
un pays, tous ceux qui, dans ce pays-la meme,
sont moins forts que lui, se reunissent au nouveau venu, par un motif d'envie qui les anime
contre quiconque etait plus puissant qu eux
Quant a ces petit Ltats, l etranger n'a a faire
aucuns frais pour se les attirer, ils font corps a
l'instant d eux-mêmes avec lui, il faut seulement qu il se garde de leur laisser prendre
trop de force Il peut facilement avec ses troupes,
et avec leurs secours, affaiblir, abaisser
les plus puissants, pour rester toujours maître
dans le pays Celui qui ne saui t pas mettie
ces moyens en usage, perdia bientot tout ce
qu il avait acquis , il doit eprouver une infinite
de peines, de difficultes et d'embarras, tant
qu'il le gardera

Les Romains, dans les provinces dont ils s em-
parerent, mirent soigneusement ces moyens
en pratique, ils envoyerent des colonies, ils

protegeaient les moins puissants sans accroître leurs forces, ils diminuerent celle des grands qu'ils pouvaient redouter, et ils ne permirent a aucun etranger, qu'ils eussent pu craindre, d'y acquerir de l'influence Je ne veux pour exemple que la province de Grèce par eux, les Acheens et les Itoliens furent soutenus, la puissance des Macedoniens fut affaiblie, et Antiochus fut chasse tous les services des Acheens et des Ltoliens ne leur firent pas ob tenu le moindre accroissement a leur domaine, quelque moyen de persuasion qu'employât Philippe, ils ne voulurent jamais le recevoir pour ami qu a la condition de l'affaiblir ils redoutaient trop Antiochus pour consentir a ce qu il conservât quelque souverainete dans cette province

Les Romains, dans cette occasion, firent ce que doit faire tout prince sage qui, non seule ment doit remedier aux maux presents, mais encore prevenir les maux a venir En les prevoyant de loin on y remedie aisément, mais si l on attend qu'ils vous aient atteint, il n'est

plus temps, et la maladie est devenue incura
ble Il advient alors ce qui arrive aux médecins
dans la cure de l etisie, qui, dans le commencement, est facile a guerir et difficile a connaître,
mais, par le laps du temps, quand on ne l'a ni
découverte, ni traitee dans le principe, elle devient facile a connaître et difficile a guerir
Même chose arrive dans les affaires d Ltat, en
les prévoyant de loin, ce qui n'appartient qu a
un homme habile, les maux qui pourraient en
provenir se guerissent promptement si on les
laisse croitre au point que tout le monde les
aperçoit il n y a plus de remede

Aussi, les Romains, prévoyant de loin les inconvenients, y paraient aussitôt, et ils ne les
laisserent jamais empirer pour éviter une guerre
Ils savaient que la guerre ne s evite pas, mais
que c'est toujours au grand avantage de l'ennemi
qu'on la diffère D'après ces principes, ils voulurent la faire, et contre Philippe, et contre Antiochus en Grèce, pour n'avoir pas a se defendre
eux mêmes contre ces princes en Italie Ils pou
vaient alors sans contredit l'éviter contre tous

les deux ils ne le voulurent pas, et ils ne trou-
vèrent pas convenable de mettre en pratique
cette maxime des sages de nos jours [1], qui consiste *a attendre du bénéfice du temps* Ils ne
firent usage que de leur courage et de leur
prudence en effet, le temps chasse tout devant
lui, et il peut amener le bien comme le mal,
et le mal comme le bien

Mais revenons a la France, et examinons si
elle a suivi en rien les principes que nous venons d'exposer Je ne parlerai point de Charles VIII, mais bien de Louis XII, comme du prince
qui, ayant dominé plus longtemps en Italie,
nous a mieux laissé suivre et connaître sa marche, et vous verrez qu'il a fait le contraire de
tout ce qu'il fallait pour conserver un Etat si
différent du sien

Louis fut appelé en Italie par l'ambition des
Vénitiens qui voulaient se servir de lui pour
s'emparer de la moitié de la Lombardie Je ne
veux pas blâmer cette entrée du roi en Italie, et
le parti qu'il prit alors Voulant commencer a

---

1 Voilà la politique royale et la seule solide —CHRISTINE

y mettre le pied n'y ayant point d'amis l'incon
duite de son prédécesseur Charles lui ayant même
ferme toutes les portes, il fut force de profiter
de l'alliance qui se presentait, et son entreprise
lui eût reussi s'il n'avait pas commis de fautes
dans le reste de sa conduite Ce roi recouvre
bientôt la Lombardie, et avec elle, la reputation
que Charles avait perdue Genes se soumet, les
Florentins obtiennent son amitie et tous s'em
pressent a la lui demander le marquis de Man
toue, le duc de Ferrare, les Bentivogli[1], la com
tesse de Forli, les seigneurs de Faenza, Pesaro
Rimini, Camerino Piombino, ceux de Lucques
de Pise, de Sienne, etc C'est alors que les
Venitiens purent s'apercevoir de l'imprudente
temerite du parti qu'ils avaient pris, eux qui, pour
acquerir deux places en Lombardie, faisaient le
roi de France maitre des deux tiers de l'Italie

Avec quelle facilite le roi, s'il eut su observer les regles ci-dessus indiquees pouvait se
maintenir puissant en Italie, conserver et defendre tous ses amis? Ceux-ci, en trop grand nom-

1 Seigneurs de Bologne

bre pour n'être pas faibles, redoutaient l Eglise
et les Venitiens, et etaient obliges par interêt
de s'attacher a lui par leur secours il pouvait
facilement se fortifier contre tout ce qui pouvait rester de puissinces dangereuses

Mais il ne fut pas plus tôt a Milan qu il suivit
une marche toute contraire il donna du secours
au pape Alexandre pour envahir la Romagne
Il ne s'aperçut pas qu en prenant ce parti, il
s'affaiblissait lui-même qu'il se privait d'amis
qui s'étaient jetis dans ses bras , qu'il agran-
dissait l'Eglise en ajoutant au spirituel, qui
donne tant de force a la puissance romaine, le
temporel d un Etat si considerable Cette premiere faute commise, il fut contraint de la
poursuivre, jusqu'a ce que, pour mettre des
bornes a l'ambition de ce meme Alexandre, et
pour qu'il ne s emparât pas de la Toscane, il
fut oblige de revenir en Italie.

Non content d'avoir agrandi l'Eglise, de s'être
privé de ses allies naturels, desirant s'emparer
du royaume de Naples, il fait la folie de le
partager avec le roi d'Espagne. Il était seul ar-

bitre de l Italie, il s'y donne un rival, un con-
current auquel les mecontents et les ambitieux
puissent avoir recours, et, tandis qu'il eût pu
laisser dans ce royaume un roi qui eut ete son
tributaire, il en chasse celui-ci, pour en placer un autre assez puissant pour le chasser lui-
meme!

Rien n'est si ordinaire et si naturel que le dé
sir d'acquerir, et quand les hommes peuvent le
satisfaire, ils en sont plutôt loues que blâmes.
Mais quand ils n ont que la volonte sans avoir
la faculte d'acquerir, la pour eux le blâme suit
l erreur Si le roi de France, avec ses propres
forces, pouvut attaquer le royaume de Naples,
il devait le faire mais s il ne le pouvait pas,
il ne devait pas le partager, et si le partage
qu il fit de la Lombardie avec les Venitiens
merite quelque excuse parce que ceux-ci lui
avaient fourni le moyen de mettre le pied en
Italie, ce partage de Naples ne merite que le
blâme, puisqu il n'était excuse par rien

Louis commit donc cinq fautes capitales en
Italie il accrut la force d'une grande puissance ;

il en detruisit de petites, il y appela un etranger
tres puissant, il ne vint point y habiter, il ne
fit pas usage de colonies Malgre ces fautes,
avec le temps il eût pu se soutenir, s'il n'en eût
pas commis une sixieme ce fut de depouiller les
Venitiens Sans doute s'il n'eut pas agrandi l'E
tat de l'Eglise, ni appele l'Espagne en Italie, il
eut ete necessaire d'affaiblir les ' tats de Venise,
mais, ayant pris le premier parti, il ne devait
jamais consentir a leur ruine Ceux-ci, etant toujours puissants, auraient empêche les autres de
rien entreprendre sur la Lombardie, les Venitiens n'y eussent jamais consenti, a moins qu'on
ne les en eût rendus les maitres L'interêt des
autres n'etait pas de l'ôter a la France pour en
enrichir Venise, et ils n'auraient pas eu le courage de les attaquer toutes les deux

Si on objecte que le roi Louis ceda a Alexandre VI la Romagne et a l'Espagne un tiône pour
eviter une guerre, je répondrai par ce que j'ai
deja dit qu'on ne doit jamais laisser subsister
un desordre pour eviter une guerre, vous ne l'e-
vitez pas, vous ne faites que la differer a votre

grand désavantage Si quelques autres allèguent sa promesse au pape de faire pour lui cette entreprise, à condition qu'il lèverait par une dispense tout obstacle à son mariage [1], et qu il donnât le chapeau à l archevêque de Rouen [2], ma reponse se trouve a l article ci-dessous, ou je parlerai de la foi du Prince, et comment il doit la garder

Le roi Louis a donc perdu la Lombardie pour n'avoir observé aucune des précautions prises par ceux qui se sont emparés de quelque souveraineté et qui ont voulu s y maintenir Rien de moins miraculeux que cet événement, rien au contraire de plus naturel, de plus ordinaire et de plus conséquent C'est ainsi que je m'en expliquai a Nantes avec le cardinal d Amboise, lorsque le Valentinois, —c'est ainsi qu'on appelait communement César Borgia fils du pape

1 Avec Anne de Bretagne Vardi dit à cette occasion que le pape Alexandre VI et le roi Louis XII se servaient tous deux réciproquement du spirituel pour acquérir le temporel, Alexandre pour procurer la Romagne à son fils, Louis pour unir la Bretagne à sa couronne

2 Depuis cardinal d Amboise

Alexandre, — occupait la Romagne. Ce cardinal me disant que les Italiens ne s entendaient pas a faire la guerre je lui repondis « que les « Français n entendaient rien en politique, « parce que, s ils s'y connaissaient, ils n'eus- « sent pas laisse venir l'Eglise a cet état de « grandeur. » On a vu, par experience, que l accroissement de cette puissance et de celle d'Espagne en Italie n'est du qu a la France, et celle-ci n'a du sa ruine dans ce pays qu'a la même cause D'ou l on tire cette regle generale qui ne trompe jamais ou bien rarement que le prince qui procure l elevation d une autre puissance, ruine la sienne Cette nouvelle puissance est le produit de l adresse ou de la force, et l un et l'autre de ces deux moyens sont bien suspects a qui est devenu puissant.

CHAPITRE IV

POURQUOI LE ROYAUME DE DARIUS, CONQUIS PAR ALEXANDRE, RESTA A SES SUCCESSEURS APRÈS SA MORT

A considérer les difficultés qu on eprouve à conserver un Ltat nouvellement conquis, on pourrait s etonner qu Alexandre le Grand étant devenu maître de l'Asie en peu d'années [1], et, etant mort sans avoir eu presque le temps de l occuper, tout cet Ltat ne se soit pas revolte En effet, ses successeurs s y maintinrent, et n'e-

1 Six années — Christine

prouverent a le conserver, d'autre difficulte que
celle que fit naître entre eux leur propre ambi
tion particuliere

Je reponds a cela, que toutes les principautes
dont il nous reste quelque trace dans l'histoire
sont gouvernees de deux manieres differentes
ou par un prince absolu, devant qui tous les autres sont esclaves, et a qui, comme ministres et
par grâce, il accorde la faculte de l aider a gouverner son royaume, ou bien par un prince et
des grands ces derniers ne gouvernent pas par
la faveur du prince, mais seulement par un droit
inherent a l ancienneté de leur race Ils ont aussi
des Ltats et des sujets particuliers qui les reconnaissent pour leurs seigneurs, et qui ont pour
eux une affection particuliere

Dans les pays gouvernes par un prince et des
esclaves, le prince a infiniment plus d'autorite
En effet, dans tous ses Etats il n est personne
qui reconnaisse d'autre souverain que lui, et si
les sujets obeissent a d autres, c'est comme a ses
ministres, a ses officiers, sans avoir pour eux
aucune affection particulière La Turquie et la

France fournissent de notre temps des exemples de ces deux espèces de gouvernement [1] Toute la monarchie turque est gouvernee par un maitre, près de qui tous les autres sont esclaves Il distingue son royaume en differents *sangiacs,* et y envoie divers administrateurs, il les change, les rappelle a son gre, mais le roi de France est place au milieu d une foule d anciens nobles, ayant des sujets qui les reconnaissent, et qui leur sont attaches, et ayant des prérogatives que le roi ne pourrait leur enlever sans danger

Si l on veut examiner l une et l autre de ces deux souverainetes, on trouvera qu il y a de grandes difficultes a surmonter pour s emparer d'un royaume gouverné comme celui du Turc, mais qu'une fois conquis, rien de si facile que de le conserver Il est difficile de s'emparer d'un

1 Cette difference n est plus entre la Turquie et la France Le gouvernement de la France est celui de la Turquie mais en miniature CHRISTINE La fille de Gustave Adolphe qui écrit à Rome en 1681, se trompe Sa note est curieuse en ce sens qu elle indique l opinion de Christine sur le gouvernement de Louis XIV

tel Etat, parce que celui qui veut l'entreprendre
ne peut etre appele par les grands de ce royaume,
ni compter sur la rebellion et les secours de
ceux qui entourent le prince On en conçoit
facilement le motif par ce que nous avons dit de
son organisation En effet, tous etant ses esclaves, ses obliges, on parvient plus difficilement
à les corrompre, et, quand meme ils seraient
gagnes, on en tirerait peu de secours, ceux-ci
ne pouvant entraîner le peuple avec eux, par les
raisons que nous avons alleguees Ainsi, quiconque attaque les Turcs doit s attendre a les
trouver unis , et il doit plus compter sur ses
propres forces que sur leur division Mais une
fois vaincus, et leurs armees mises en deroute
de manière a ne pouvoir etre remises sur pied,
on n a a craindre que la famille du prince Celle-
ci, une fois eteinte [1], il ne reste personne a
redouter, tous les autres etant sans credit au-

1 Il y a dans le texte « la famille du prince qu'il *fau
drait exterminer »*, Guiraudet dans l interet de la réputation
de Machiavel a ad uci l expression Christine la souligne et
ajoute Je doute si l empire du monde vaut un tel prix

pres du peuple, et, comme le vainqueur,
avant le combat, ne pouvait rien espérer
d eux, apres la victoire, il n'en peut avoir rien
a craindre

Il en est tout autrement dans les royaumes
gouvernes comme la France ici on y peut entrer
facilement en gagnant quelques grands du
royaume, parmi lesquels il se trouve toujours
des mecontents, et des hommes qui aiment le
changement Ceux-ci peuvent vous en ouvrir les
portes, vous en faciliter la conquete, mais ensuite, si vous voulez vous y maintenir, vous
eprouvez des difficultes a l'infini et de la part
de ceux que vous avez conquis, et de la part de
ceux qui vous y ont aide [1] Ici, il ne suffit pas
d'eteindre la race du Prince, il reste encore les
grands de l Ltat, qui se mettent a la tête des
nouveaux partis , et, comme vous ne pouvez ni
les contenter, ni les detruire, vous perdrez cette

1 Je tiens la France aisée à conquérir et pas difficile à
conserver n en déplaise au grand politique — CHRISTINE
La France et Louis XIV ont laissé une mauvaise impres
sion à la reine de Suède qui, à son tour, a laissé d elle une
mauvaise impression en France

conquete a la premiere et souvent a la plus legere occasion

Or, si vous examinez de quelle nature etait le gouvernement de Darius, vous le trouverez semblable a celui du Turc Aussi, Alexandre fut-il oblige de l attaquer de vive force et de toutes parts, pour l empecher de tenir la campagne Mais, apres la victoire et la mort de Darius, ce royaume resta a Alexandre, sans qu il dut craindre de le perdre, par les motifs que nous en avons apportes Et, si ses successeurs avaient ete unis, ils eussent pu en jouir aussi paisiblement en effet, cet empire ne vit naître d'autres troubles que ceux qu'ils y susciterent eux memes

Quant aux Etats gouvernes comme la France, on ne peut esperer de les posseder si paisiblement Les frequents soulèvements de l Espagne, des Gaules et de la Grèce contre les Romains, n etaient dus qu au nombre de petits princes dont ces Etats etaient remplis Tant que les premiers subsistèrent, la possession de ce pays fut incertaine, chancelante pour les Ro mains, mais ces seigneurs une fois détruits, et le souvenir même de leur puissance effacé, les forces des Romains et la continuite de leur domination les en rendirent possesseurs assures ces princes purent ensuite se diviser, et combattre entre eux, chacun forma des pretentions sur telle partie de ces provinces, suivant l'autorite qu il avait su y prendie, mais, ces provinces, la maison de leur prince une fois eteinte, ne reconnurent plus d autre maitre que les Romains.

En faisant attention a toutes ces différences, on ne s etonnera pas de la facilite que trouva Alexandre a conserver les Etats de l Asie dont il s'etait empare et des difficultes qu ont eues certains autres conquerants a conserver leurs conquetes comme Pyrihus et autres, ce qu il ne faut attiibuer ni a la bonne, ni a la mauvaise conduite du vainqueur, mais a la différence de gouvernement des Etats conquis.

CHAPITRE V

COMMENT IL FAUT GOUVERNER LES VILLES OU LES
PRINCIPAUTÉS QUI AVANT D'ÊTRE CONQUISES SE
GOUVERNAIENT PAR LEURS PROPRES LOIS

Quand les Etats que l'on acquiert, placés
dans les circonstances que nous avons decrites,
sont accoutumes a se regir par leurs lois et a
vivre libres, celui qui s en est empare a trois
moyens pour les conserver

Le premier est de les detruire,

Le second, d'aller les habiter,

Le troisième, de leur laisser leurs lois, de

tirer un tribut et d'établir un petit nombre de personnes, pour former un gouvernement qui lui conserve ce pays en paix. Ce nouveau gouvernement créé par le Prince, sait qu'il ne subsiste que par sa faveur et sa puissance, et il est intéressé à tout faire pour le maintenir. D'ailleurs on parvient plus facilement à se conserver une ville accoutumée à jouir de sa liberté en n'y employant qu'un petit nombre de ses citoyens, que par tout autre moyen.

Les Lacédémoniens et les Romains nous fournissent des exemples de ces diverses manières de contenir un État.

Les premiers régirent Athènes et Thèbes en y créant un gouvernement composé de peu de personnes; néanmoins ils reperdirent ces deux villes.

Les Romains, pour s'assurer de Capoue, de Carthage et de Numance, les détruisirent, et ne les perdirent pas.

Ils voulurent au contraire tenir la Grèce comme l'avaient tenue les Spartiates, en lui rendant sa liberté et lui laissant ses lois, ce moyen ne leur reussit pas, en sorte qu'ils furent forcés de detruire plusieurs villes de cette province pour la contenir, car il n y a vraiment pas d autre moyen sur pour les conserver Quiconque devient maitre d une ville accoutumee a jouir de sa liberte et qui ne la detruit pas, doit s attendre a etre detruit par elle Dans toutes ses revoltes, elle a toujours le cri de liberte pour ralliement et pour refuge, et ses anciennes institutions que ni la longueur du temps, ni les bienfaits ne peuvent effacer, quoi qu on fasse, quelque precaution que l'on prenne, si on ne divise les habitants, ou qu'on ne les disperse, ce nom de liberte ne sort jamais de leur cœur et de leur memoire, non plus que leurs anciennes institutions, mais tous y recourent aussitôt a la moindre occasion Voyez ce qu'a fait Pise, apres tant d annees passees sous le joug des Florentins

Mais lorsque les villes ou les provinces sont accoutumees a vivre sous un prince, et que la race de celui-ci est eteinte, deja pliees a l'obeissance, privees de leur ancien souverain, inca-

pables de s'accorder pour s'en donner un nouveau, et encore moins susceptibles de devenir
libres, elles sont plus lentes à prendre les
armes, et elles presentent au Prince plus de
moyens de se les attacher et se les assurer.

Dans les republiques, au contraire, la haine
est et plus active et plus forte, le désir de
vengeance plus animé, et le souvenir de leur
ancienne liberté ne leur laisse ni ne peut leur
laisser un seul instant de repos, en sorte que
le plus sur moyen est de les détruire ou de
venir y resider

CHAPITRE VI

DES NOUVEAUX ÉTATS QU'UN PRINCE ACQUIERT PAR SA
VALEUR ET SES PROPRES ARMES

Qu on ne s'etonne pas si dans ce que je vais
dire des principautes nouvelles, et du Prince, et
de l'Ltat, je ne cite que des exemples fournis
par de tres grands personnages. Les hommes
suivent presque toujours les routes deja battues
par d autres, et ne se conduisent dans leurs actions que par imitation, or, comme on ne peut
tenir en tout la meme route, ni parvenir a
la hauteur de ceux qu'on prend pour modeles,

un homme sage doit ne suivre que les chemins
tracés par des hommes supérieurs et imiter
ceux qui ont excellé, afin que s'il ne les égale
pas en tout, il en approche du moins en quel
ques points Il doit faire comme ces prudents
tireurs d'arc qui, trouvant le point auquel ils
se proposent d'arriver, trop éloigné, et appréciant la force de leur arme, visent plus
haut que le but, uniquement pour pouvoir l'atteindre

Je dirai d'abord que dans une principauté nou
velle en tout, le plus ou le moins de difficultés
qu'on éprouve à se maintenir dépend des qua
lités personnelles de celui qui l'a acquise. De
particulier devenir Prince suppose d'avance ou
bonheur ou talent, et la plupart des difficultés
doivent s'aplanir avec l'un ou l'autre de ces
deux moyens Néanmoins celui qui compte
le moins sur la fortune se soutiendra toujours
beaucoup mieux, ce qui donne dans ce cas a ce
nouveau prince une plus grande facilité encore,
c'est que n'ayant point d'autres États, il est
obligé de venir habiter celui-ci

Pour en venir a ceux qui, par leur courage ou leurs talents, sont devenus princes, je dirai qu'il faut placer au plus haut rang Moise, Cyrus, Romulus, Thesée, etc Il semble d'abord qu'on ne deviait pas parler de Moise qui ne fut que l'executeur des ordres du ciel, il merite cependant notre admiration, ne fut-ce que pour avoir ete choisi par Dieu pour communiquer ses volontes aux hommes

Mais, en examinant attentivement Cyrus et les autres qui ont acquis ou fonde des royaumes, on les trouvera dignes de tout eloge On verra que leur conduite et la marche que chacun d eux a suivie, ne paraissent pas differentes de celles de Moise, quoiqu il eut un si grand mai tie[1] Leur vie et leurs actions prouveront egalement qu ils n'avaient du a la fortune que l occasion qu'elle leur fournit d introduire la forme de gouvernement qui leur parut convenable Sans l'occasion, leur talent et leur courage eussent ete inutiles , et sans leurs qualites

1 Tout vient de Dieu de quelque point qu il vienne — CHRISTINE

personnelles, l occasion se serait en vain pie
sentee

Il fallait donc que Moise trouvât les Israc-
lites esclaves en Egypte et opprimes par les
Egyptiens, afin de les disposer a le suivre pour
sortir d'esclavage Il fallut que Romulus ne put
être eleve dans Albe et fût expose en naissant,
pour pouvoir devenir roi de Rome et fondateur de ce puissant empire Cyrus devait trouver les Perses mecontents de l empire des
Medes, et les Mèdes amollis par une longue paix
Thesée ne pouvait faire preuve de son courage,
s'il n'eût pas trouve les Athéniens disperses
Ces occasions fournirent a ces hommes des
moyens de succes, et leur talent sut mettre a
profit une occasion qui rendît leur patrie a jamais celebre et en assurât la prosperite

Ceux qui deviennent princes par des moyens
pareils a ceux de ces grands personnages ac-
quierent une souverainete avec beaucoup de
difficultes, mais la conservent sans peine Les
difficultes, qu ils eprouvent naissent en partie
des changements qu'ils sont obliges d'intro-

duire pour etablir leur gouvernement et s y asseoir avec surete Or, rien n'est plus difficile, ni d un succes plus douteux, ni plus dangereux a executer, que l'introduction de lois nouvelles. Celui qui l entreprend a pour ennemis tous ceux qui se trouvent bien des lois anciennes, et ne trouve que de faibles defenseurs dans ceux a qui les lois nouvelles seraient avantageuses Cette tiedeur naît en partie de la crainte de leurs adversaires, a qui l ancien ordre de choses est utile, en partie, de l'incredulite des hommes qui n ont de confiance dans les choses nouvelles que lorsque l'utilite leur en est demontree par une longue experience D ou il suit que toutes les fois que ceux qui sont ennemis de l'ordre nouveau ont occasion de l'attaquer, ils s'en acquittent en gens de parti, et que les autres le defendent mollement, en sorte que le Prince court autant de dangers par la nature de ses ennemis que par celle de ses defenseurs

Pour traiter cette question a fond, il faut examiner si ces innovateurs font des changements par eux-mêmes, ou s ils dependent d'autrui,

c est-a dire si pour operer ils ont besoin d employer la persuasion ou s ils peuvent mettre en
jeu la force Dans le premier cas, ils n obtiennent jamais de succes Mais, quand ils sont
independants et qu ils peuvent contraindre, rarement manquent-ils de reussir De la vient que
tous les prophetes armes [1] triomphent et que
ceux qui sont sans armes succombent Outre
les raisons que nous en avons apportees, le
caractere des peuples est mobile, facile a en-
trainer vers une opinion, mais il est difficile de
l'y maintenir Il faut que les dispositions a son
egard soient tellement prises, qu'au moment
ou il ne croit plus on puisse le forcer a croire
Moise, Cyrus, Thesee et Romulus n'auraient
pas pu faire observer longtemps leurs consti-
tutions, s ils eussent ete desarmes C est ce qui
arriva de nos jours au frere Jerôme Savonarole,
qui vit ruiner ses projets au moment ou la mul
titude n'ayant plus confiance en lui, il manqua
de moyens pour l obliger a en avoir encore, et

1 La force est l unique secret de faire tout reussir —
CHRISTINE

pour en inspirer aux plus incredules Les pre
miers eprouvent, il est vrai, de grands obstacles,
des dangers a chaque pas, et il leur faut du talent et du courage pour les surmonter, mais
ces difficultes une fois vaincues, ils commencent
a etre en veneration apres s etre defaits de leurs
envieux, et se maintiennent puissants, tran-
quilles et honores

Après des exemples fournis par de si grands
personnages je veux en citer un moindre mais
qui a pourtant quelque rapport avec les prece
dents, et qui tiendra lieu de beaucoup d'autres
semblables que je pourrais ajouter, il s agit du
Syracusain Hieron Celui-ci, de particulier de
vint prince de Syracuse, et ne dut a la fortune
que la seule occasion, en effet, les Syracusains
opprimes le choisirent pour etre leur capitaine,
et il merita d etre leur prince Dans sa conduite
privee il fut tel que tous ceux qui en ont écrit
disent qu'il ne lui manquait pour regner qu'un
royaume Il cassa l'ancienne milice, en orga-
nisa une autre tout entiere, il abandonna les
anciennes alliances, s en fit de nouvelles, et

comme ses amis et ses soldats lui étaient entièrement dévoués, il lui fut facile de bâtir sur de
pareils fondements, en sorte qu'il eut beaucoup de peine à acquérir, mais peu à conserver

CHAPITRE VII

Ceux qui de particuliers deviennent princes
seulement par les faveurs de la fortune ont peu
de peine a reussir, mais infiniment a se main
tenir Nul obstacle ne les ariete sur le chemin
et ils arrivent vite, mais tous les obstacles nais
sent après qu'ils sont assis Tels sont tous ceux
qui acquièrent un Etat ou au moyen d argent,
ou par la faveur d un puissant monarque Tels
furent ces hommes que Darius plaça en Grèce

dans les villes de l Ionie et de l'Hellespont, et
dont il fit des souver uns, pour sa sûreté et pour
sa gloire, tels etaient ces empereurs, qui de
particuliers parvenaient a l Empire en corrom-
pant des soldats Ceux-ci ne se soutiennent
uniquement que par la volonte et la fortune de
qui les eleva deux bases egalement mobiles
et peu sûres Ils ne savent ni ne peuvent conserver ce rang Ils ne savent p ice qu'a moins
d etre un homme de grand genie ou de grand
courage, quiconque a vecu particulier, naturellement ignore l'art de commander, ils ne
peuvent, parce qu ils n'ont point de troupes
sur l attachement et la fidelite desquelles ils
puissent compter D'ailleurs, les Etats qui se
forment si subitement comme tout ce qui dans
la nature nait et croît si vite, ne peuvent avoir
pris racine et s etre appuyes de manière à empêcher que le premier vent contraire, la première
tempête ne les renverse a moins que ceux,
comme nous l'avons dit, qui sont si subitement
devenus princes, n aient des talents si superieurs qu'ils trouvent d'abord les moyens de

conserver ce que la fortune leur a mis en main, et qu'apres être devenus princes ils ne sachent se faire les appuis que les autres s etaient faits avant de le devenir

A l'occasion de ces deux manières de deve nir souverain, ou par un effet de la fortune, ou par son talent, je veux citer deux exemples de nos jours ceux de François Sforce et de Cesar Borgia

Le premier, par des moyens legitimes et sa grande habilete, de particulier devint duc de Milan, et il conserva sans beaucoup de peine, ce qui lui avait tant coûte a acquerir

Cesar Borgia [1], appele communement le duc de Valentinois, acquit une souveraineté par la fortune de son pere, et la perdit des que son père n'exista plus, cependant il mit tout en œuvre, il employa tous les moyens qu'un homme habile et prudent doit mettre en usage, pour

1 Cesar Borgia, duc de Valentinois second fils naturel de Rodeiic Borgia depuis le pape Alexandre VI et d une dame romaine nommée Vanozza née en 1457 tué d un coup de feu au siege de Viane (12 mars 1507) c est le modèle du *Prince*

asseoir ses Etats qu'il ne tenait que de la fortune et des armes d'un autre Sans doute il est possible a un homme superieur qui n'a pas encore jeté ses fondements de les jeter après, mais ce n'est qu'avec bien de la peine de la part de l'architecte, et de danger pour l'edifice Si on veut examiner toute la conduite du Duc, on verra tout ce qu'il fit et tout ce qu'il avait fait pour jeter les fondements de sa future puissance Cet examen ne sera rien moins que superflu, car je ne saurais donner a un prince nouveau, rien de mieux que les actions et l'exemple de celui-ci a suivre S'il ne reussit pas, malgre toutes ces mesures, ce ne fut pas sa faute, mais bien l'effet d'une mauvaise fortune constante a le persecuter

Alexandre VI, voulant donner a son fils une souverainete en Italie, devait eprouver de grands obstacles pour le moment, et en prévoir de plus grands pour l'avenir D'abord, il ne voyait aucun moyen de le faire souverain d'aucun Etat, qui ne fût Etat de l'Eglise S'il se determinait à en démembrer un, il savait que le duc de Milan et les

Vénitiens n'y consentiraient jamais, puisque déja
Faenza et Rimini étaient sous la protection de
Venise, il voyait en outre que les armées d'Italie, et spécialement celles dont il eût pu se servir, étaient entre les mains de ceux qui devaient
redouter l'agrandissement du Pape Il ne pouvait
donc y compter, puisqu'elles étaient au pouvoir des Orsini, des Colonne et de leurs partisans

Il fallait donc renverser cet ordre de choses
et bouleverser les Etats d Italie, pour pouvoir
s assurer la souveraineté d'une partie Cela lui
fut facile Les Vénitiens, pour d autres motifs,
s'étaient déterminés à rappeler les Français en
Italie Le Pape ne s'opposa pas du tout à leur
projet, il le favorisa même, en se prêtant à
casser le premier mariage de Louis XII Ce roi
passe donc en Italie avec les secours des Vénitiens, et du consentement d Alexandre. A
peine est-il à Milan, que le Pape obtient de
lui des troupes pour s emparer de la Romagne,
qu il acquiert par le renom des armes du roi
auquel il etait allié

Le Duc ayant donc acquis la Romagne et abattu les Colonne, voulait conserver a la fois et accroître sa principauté Il ne se fiait pas a des troupes qui lui paraissaient peu sûres, et il comptait peu sur la volonte de la France, c est a-dire qu'il craignait que les Orsini, dont il s'etait servi, ne lui manquassent au moment, et non seulement ne l'empêchassent d acquerir, mais ne s emparassent de ce qu il avait conquis

Il avait la même conduite a redouter de la part de la France, il avait eu une preuve du peu de fond qu'il pouvait faire sur les Orsini quand, après la prise de Faenza, il attaqua Bologne, ou il les vit se conduire mollement Et quant au roi, il avait jugé ses intentions, lorsque après la prise du duché d Urbin, il fit une invasion en Toscane, dont le roi l'obligea a se désister Le Duc prit alors la résolution de ne dependre ni de la fortune, ni des armes d'autrui

Il commença d'abord a affaiblir les partis Orsini et Colonne a Rome, en attirant à lui et en gagnant tous les gentilshommes attachés à ces

deux maisons par de l argent, des gouvernements, des emplois, suivant leur rang, en sorte
qu'en peu de mois leur affection, affaiblie pour
les autres, se tourna en entier vers le Duc Il
avait dispersé les Colonne avec infiniment de
succès et de menagement Il attendit l occasion
de perdre les Orsini Ceux-ci s'apercevant un
peu tard que la puissance du Duc et celle de
l'Eglise feraient leur ruine, tinrent une diete a la
Magione dans le Perousin, d ou s ensuivit la
revolte d Urbin, les mouvements de la Romagne,
et les dangers infinis que courut le Duc, et qu'il
surmonta, a l'aide des Français Ses affaires une
fois retablies, il ne voulut plus se fier ni a la
France, ni a aucune autre force exterieure , et
pour n'avoir rien a risquer, il n'employa plus que
la ruse, et sut tellement dissimuler ses intentions,
que les Orsini se reconcilierent avec lui par l'en-
tremise du seigneur Paul Il ne manqua pas d'user
avec celui ci de tous les moyens qu il fallait pour
se l assurer, par des presents en habits, en argent et en chevaux, les autres furent assez dupes
pour se mettre entre ses mains a Sinigaglia.

Ayant donc extermine les chefs et fait ses amis
de leurs partisans, le Duc avait jete de solides
fondements a sa puissance Il possedait toute
la Romagne et le duche d Urbin, il avait gagne
l affection de ces deux peuples (surtout du premier) qui goutaient deja les avantages de son
gouvernement Comme cette derniere circonstance est digne de remarque, et qu en ce point
il merite d'etre imite, je ne veux pas la laisser
passer sous silence

Apres que le Duc se fut empare de la Romagne,
il trouva qu elle avait ete gouvernee par une infinite de petits princes, qui s etaient plus occupes de depouiller leurs sujets que de les gouverner, et qui, sans force eux-memes, avaient plus
servi a les jeter dans le trouble qu'a les faire vi
vre en paix Le pays etait infeste de brigands,
dechire par des factions, et livré a tous les dé-
sordres, a tous les exces Il sentit que pour y
retablir la tranquillite et l'ordre, et le soumettre
a l'autorite du Prince, il fallait un gouvernement
vigoureux En consequence, il y plaça pour gouverneur Ramiro d'Orco, homme cruel, mais actif,

a qui il donna la plus grande latitude de pouvoir.
Celui-ci, en peu de temps, apaisa les mouvements, réunit tous les partis, et s'acquit le grand
renom d'avoir pacifié tout le pays [1] Le Duc,
bientôt après cependant, ne jugea pas necessaire de déployer une rigueur et une autorite si
excessive et qui serait devenue odieuse Il erigea,
au milieu de la province, un tribunal civil, pre-
side par un homme qui jouissait de l estime publique, aupres duquel chaque ville enverrait son
avocat. Il s'était aperçu que les cruautes de Ramiro lui avaient attiré quelque haine, pour se
laver de tout reproche aux yeux des peuples et
gagner leur affection, il voulut leur prouver qu'ils
ne devaient pas lui attribuer les cruautes qu'on
avait pu commettre, mais les attribuer au caractere feroce de son ministre En consequence, il
saisit la premiere occasion favorable a son projet, et il fait pourfendre, un matin, Ramiro, et
exposer son corps, au milieu de la place de Ce-
sene, sur un pieu, ayant tout aupres un coutelas
ensanglante. L'horreur de ce spectacle, en satis-

1   Voir l introduction

faisant les esprits, les glaça tout a la fois
d'etonnement et d effroi

Mais revenons a notre sujet Le Duc se trouvait tres puissant, il s'etait delivre, en grande
partie, des ennemis presents, employant contre
eux des armes a son choix, en detruisant des
voisins puissants qui pouvaient lui nuire Il ne
lui restait pour assurer et accroître sa conquête,
que de n'avoir pas a redouter le roi de France
Il savait que ce prince, qui s'etait, quoique tard
aperçu de son erreur, ne souffrirait pas son
agrandissement En consequence, il chercha
d abord a se faire des alliances nouvelles, il ter-
giversa avec la France au moment ou les Fran
çais s'etaient portes a Naples contre les Espagnols qui assiegeaient Gaëte Son dessein etait
de se fortifier contre eux, et certes, il y eut
reussi, si Alexandre VI eût vecu encore Telle
fut sa conduite dans les affaires presentes

Mais il avait encore plusieurs dangers a redouter pour l'avenir il devait craindre que le
nouveau pape ne lui fût opposé, et ne cherchât
a lui enlever ce que son predecesseur lui avait

donne, il s'occupa de parer a ces dangers Pre.
mierement, il detruisit la race de tous les seigneurs qu'il avait depouilles, afin d enlever au
futur pape le pretexte de le dépouiller lui-
meme, en second lieu, il s'attacha tous les gentilshommes de Rome, afin de contenir le Pape
par eux, troisiemement, il se fit le plus de crea
tures qu'il put dans le sacre college, quatrieme-
ment enfin, il resolut d'acquerir tant d'Etats, de
souverainetes et de puissance, avant la mort de
son pere, qu'il put resister a une premiere
attaque

De ces quatre moyens, il en avait employe
trois avant la mort d'Alexandre, et il avait tout
dispose pour mettre le quatrieme en usage En
effet, des seigneurs qu il avait depouilles, il en
massacra le plus grand nombre, et peu lui echap-
perent. Il avait gagne tous les gentilshommes
romains Il avait le plus grand parti dans le col
lege des cardinaux quant a ses acquisitions, il
pensait a se rendre maitre de la Toscane, il pos
sedait deja Pérouse, Piombino, Pise, qui s'etaient
mises sous sa protection, et dont il n avait qu'a

prendre possession Il n'avait plus à ménager les Français, ceux-ci avaient été chassés par les Espagnols, du royaume de Naples, et chacun de ces deux peuples devait nécessairement solliciter son amitié, Lucques et Sienne ne pouvaient manquer de céder bientôt, partie par haine des Florentins, partie par crainte Les Florentins ne pouvaient se défendre Tous ces projets lui auraient réussi et avaient déjà commencé à s'exécuter la même année où Alexandre mourut Il acquérait tant de force et de réputation, qu'il se serait soutenu par lui-même, sans dépendre de la fortune ou de la puissance d'autrui

Mais Alexandre VI mourut cinq ans après qu'il avait commencé à tirer l'épée Il laissa son fils avec le seul État de la Romagne, bien consolidé, toutes ses autres conquêtes étaient absolument en l'air, entre deux puissantes armées, lui-même était attaqué d'une maladie mortelle Le Duc avait tant d'habileté et de courage, il connaissait si bien les hommes qu'il devait s'attacher ou perdre, les fondements qu'il avait su jeter en peu de temps étaient si soli-

des, que s'il n'eût pas eu ces deux armées ennemies, ou qu'il eut ete bien portant, il eut sur-
monte toutes les autres difficultes

La preuve que ces fondements etaient bons,
c est que la Romagne lui fut fidele et l attendit
pendant plus d un mois, ou il fut, quoique a
demi-mort, en sûiete a Rome, et quoique les
Baglioni, les Vitelli et les Oisini s y fussent
iendus, ils n'oserent pas le pouisuivre Il pai-
vint sinon a faiie eliie celui qu'il voulait pour
pape, du moins a empechei qu'on n'elut celui
qu il voulait ecartei Si dans le temps ou
Alexandie mourut, il n'eut pas ete malade, tout
lui eut ete facile Il me dit, le joui ou Jules II
fut nomme qu'il avait pense a tous les obstacles qui pouvaient naitre i la moit de son pere
et qu il y avait iemedie, mais qu il n'avait pas
pievu qu a sa moit, il seiait lui-meme en dan-
gei de mouiii

Iu iassemblant toutes ces actions du Duc,
je ne sauiais lui reprocher d'avoir manque a
iien, et il me paiait qu il merite qu'on le propose, comme je l ai fait, pour modèle a tous

ceux qui, par fortune ou par les armes d'autrui, sont arrives à la souveraincte avec de
grandes vues et de plus grands projets Sa con
duite ne pouvait être differente, la seule chose
qui s'opposa a ses desseins fut la mort trop
prompte d'Alexandre et la maladie dont lui-
meme fut attaque Quiconque donc juge neces
saire dans une principaute nouvelle de s'assu
rer de ses ennemis de se faire des amis, de
vaincre ou par force ou par ruse, de se faire
aimer et craindre des peuples, suivre et respec
ter par le soldat, de detruire tous ceux qui
peuvent ou doivent lui nuire, de creer des lois
nouvelles pour les substituer a d'anciennes,
d'être a la fois sévère et reconnaissant, magna-
nime et liberal, de se défaire d'une milice a la
quelle on ne peut se fier et de s'en former une
nouvelle, de se conserver tellement l'amitie
des princes et des rois qu'ils aiment a vous
faire du bien et qu'ils redoutent de vous avoir
pour ennemi celui-là, dis je, ne peut pas trouver des exemples plus recents que ceux que
presente Borgia

Seulement on peut le reprendre quant a l'election de Jules II au pontificat Il ne pouvait pas, comme nous l'avons deja dit, faire nommer un homme comme il l'eût voulu mais il pouvait du moins donner l'exclusion a un autre or, il ne devait jamais consentir a l exaltation de l un des cardinaux auxquels il avait nui, et qui, devenus pontifes, auraient eu a le redouter, car les hommes nous offensent ou par haine, ou par crainte Ceux qu'il avait offenses etaient entre autres Saint Pierre aux Liens [1], Colonne, Saint Georges, Ascagne Tous les autres venant a etre elus, avaient a le craindre, excepte celui de Rouen et les Espagnols ces derniers tenant a lui par des liens de parente et des services et le cardinal d Amboise, soutenu par la France, etait trop puissant pour le craindre

Le Duc devait donc d abord essayer de faire nommer un Espagnol, et ne pouvant y reussir, il fallait qu'il consentit a la nomination de l ai-

____

[1] Jules II

chevêque de Rouen, et jamais à celle de Saint-Pierre-aux-Liens. C'est une erreur de croire que chez les grands personnages, les services nouveaux fassent oublier les anciennes offenses. Le Duc commit donc une faute lors de cette élection, et fut lui-même la cause de son entière ruine.

CHAPITRE VIII

DE CEUX QUI, PAR DES CRIMES, SONT ARRIVES

A LA SOUVERAINETÉ

Comme on peut parvenir a la souveraineté de deux manières, sans que ce soit en tout l effet de la fortune, ou du mérite et de l'habileté, je crois devoir en parler ici L'examen de l'un de ces moyens serait cependant bien mieux place a l'article des republiques De ces deux voies, on suit la première en parvenant ou s'elevant a la souveraineté par quelque sceleratesse, et la seconde, quand un simple particulier est porte

par ses concitoyens au rang de prince de son
pays

Je vais citer deux exemples du premier
moyen, l un ancien, et l'autre moderne , sans
les approfondir autrement ou les apprecier, ils
suffiront a qui se trouverait dans la necessite
de les imiter Agathocle, Sicilien, simple particulier, sorti meme de l etat le plus infime et le
plus bas, s'eleva au trône de Syracuse Fils d un
potier de terre, il marqua par des crimes tous
les degres de sa fortune [1], mais il se conduisit
avec infiniment d'habilete, et tant de courage,
de force d esprit et de corps que s etant
adonne aux armes, il parvint par tous les grades
de la milice, a la place de preteur de Syracuse
Une fois eleve a ce rang, il resolut de le garder, de se faire souverain, et de retenir par
violence et sans dependre de qui que ce fut,
ce qu on lui avait accorde de plein gre Il s en
tendit sur son projet et eut des intelligences
avec Amilcar, qui commandait l'armee des Cu-

[1] On est rarement scélérat avec de l esprit et du cœur —
CHRISTINE

thaginois en Sicile. Agathocle assemble un matin le peuple et le Senat de Syracuse, comme pour deliberer sur les affaires publiques A un signal donne, il fait massacrer par ses sol dats tous les senateurs et les plus riches parmi le peuple, et ceux-ci morts, il s empare de la souverainete et en jouit sans aucune opposition de la part des citoyens Deux fois defait par les Carthaginois et enfin assiege par eux dans Syracuse, non seulement s y defend, mais il n y laisse qu une partie de ses troupes, et avec les autres, passant en Afrique, il presse tellement les Carthaginois, que bientot ils levent le siege, et que, reduits a l'extremite, ils sont forces de se contenter de l Afrique et de lui abandonner la Sicile

Qu'on examine la conduite d'Agathocle, on n y verra rien ou tres peu de chose au moins qu on puisse attribuer a la fortune, ce n'est point par faveur, mais en parcourant tous les grades militaires auxquels il etait arrive a travers mille contre-temps et mille dangers qu'il parvient a la souverainete, et il s y soutient en prenant des partis aussi hardis que dangereux

Il n'y a point non plus de vertu a massacrer ses concitoyens et a livrer ses amis, a etre sans foi, sans pitie, sans religion , tout cela peut faire arriver a la souverainete, mais non a la gloire

A considerer dans Agathocle son intrepidite a affronter des dangers, son habilete a en sortir, sa fermeté, sa grandeur d âme a supporter ou a surmonter l adversite, on ne voit pas d'abord comment il pourrait etre réputé inferieur au plus grand capitaine , neanmoins, son inhumanite, sa cruauté féroce, les crimes infinis qu'il a commis empêchent de le compter parmi les hommes grands [1] On ne peut donc attribuer ni a sa fortune, ni à sa vertu, ce qu'il parvint a acquerir sans elles

De notre temps, sous le pape Alexandre VI, Oliverotto de Fermo ayant, encore enfant, perdu son père et sa mere, fut eleve par un oncle maternel, Jean Fogliani, et des sa première

---

[1] Au contraire, tous ces crimes n empechent pas qu il n eût de la vertu et de la fortune On ne fait rien sans elles — CHRISTINE

jeunesse, place sous Paul Vitelli pour appren-
die l'art de la guerre, et parvenir a quelque
grade distingue, après la mort de Paul, il servit sous Vitellozzo, son frère, et en tres peu de
temps, a raison de son courage et de son habileté, il parvint aux premiers honneurs militaires, mais, trouvant au-dessous de lui de
servir, il voulut, a l'aide de quelques citoyens
qui préferaient l'esclavage a la liberté de leur
pays, et soutenu par Vitellozzo, s'emparer de
Fermo, sa patrie Il ecrit a Jean Fogliani
qu ayant ete longtemps hors de sa maison, il
voulait venir la voir ainsi que son pays, et en
quelque sorte reconnaître son patrimoine, que,
comme il avait travaille pour s'acquérir de la
reputation, il desirait que ses concitoyens se
convainquissent par eux-mêmes qu il n'avait pas
perdu son temps, et qu'en conséquence, il voulait se presenter a eux d une maniere distinguee et, accompagné de cent cavaliers, de ses
amis et de ses serviteurs, et qu'il le priait d'engager les habitants de Fermo a le recevoir ho-
norablement, ce qui lui ferait plaisir a lui, et

honorerait son oncle qui avait pris soin de son education

Jean Foghani ne manqua pas de remplir les intentions de son neveu, il le fit recevoir d'une manière distinguee par les habitants de Fermo, et le logea dans sa maison La, Oliverotto employa un jour a préparer tout ce qui devait servir a la reussite de ses coupables desseins Il donne un grand repas, auquel il invite Jean Foghani et les premiers de la ville Après ce dîner et au milieu des rejouissances qui suivent ces sortes de fete, Oliverotto amene express la conversation sur un sujet serieux, il parle de la puissance du pape Alexandre, et de son fils Borgia, et de leurs entreprises Giovanni et les autres disaient a leur tour leur avis, quand il se leve a l instant en disant que c'etait matière a attirer dans un lieu plus secret. Il se retire aussitôt dans une chambre, ou son oncle et les autres le suivent A peine y etaient-ils assis, que des soldats armes et qui etaient cachés sortent et massacrent Giovanni et tous les autres. Après quoi, Oliverotto monte a cheval, parcourt la ville,

assiege le palais du suprême magistrat, le force
a lui obeir et a etablir un gouvernement dont
il est le prince, il met a mort tous les mecontents qui auraient pu lui nuire, il etablit de
nouvelles lois civiles et militaires, et dans l'es
pace d un an, il parvient a consolider sa puissance a tel point, que non seulement il etait
surement assis a Fermo, mais qu il etait devenu formidable a tous ses voisins Son expul-
sion eut ete aussi difficile que celle d'Agathocle, s'il ne se fut pas laisse tromper par le Valentinois, qui l'enveloppa a Sinigaglia, comme
nous l avons dit avec les Orsini et les Vitelli,
un an apres qu il eut commis son parricide, il
y fut étrangle avec Vitellozzo, son maître dans
l art de la guerre et de la sceleratesse

On pourrait s etonner qu Agathocle et d autres comme lui, aient pu vivre longtemps en
paix dans leur patrie, ayant a se defendre contre des ennemis exterieurs, sans que jamais
aucun de leurs concitoyens ait conspire contre
eux, tandis que d'autres nouveaux princes, a
raison de leurs cruautes, n'ont jamais pu se

maintenir, meme en temps de paix, encoie moins en temps de guerre Je ciois que cela tient au bon ou au mauvais usage qu'on fait de la cruaute[1]. On peut la diie bien employee (si l'on peut appeler bien ce qui est mal), lorsqu'elle ne s'exerce qu'une seule fois, qu'elle est dicte par la nécessité de s'assurer la puissance, et qu'on n y a recours ensuite que pour l utilite du peuple Les cruautes mal exercees sont celles qui, quoique peu considerables en commençant, croissent au lieu de s'eteindre Ceux qui n'emploieront que les premieres peuvent espérer de se les fiiie pardonner et devant Dieu et par les hommes, comme le fit Agathocle. Ceux qui en usent autrement ne peuvent se maintenir.

Il faut donc que l'usurpateur d'un Etat y commette en une seule fois toutes les cruautés que sa sûrete nécessite, pour n'avoir pas a

---

1 Il y a sans doute des maux qui ne se guérissent que par le fer et par le feu en la politique comme dans la chirurgie les pitoyables chirurgiens ne guérissent pas les plaies ils tuent les malades CHRISTINE — Le sang entre dans les prescriptions de la medecine politique NAPOLÉON.

y revenir c'est en ne les renouvelant pas qu'il
s'assure ses nouveaux sujets, et qu'il se les
attache par des bienfaits Si, par timidite[1] ou
mauvais conseil, on agit autrement, il faudra
sans cesse avoir le poignard a la main, alors,
il y a impossibilite de compter sur des sujets
que des attaques recentes et repetees empêchent
de prendre confiance en vous, car, je le repete,
ces offenses doivent etre faites toutes en une
fois, afin qu'ayant moins de temps pour les
ressentir elles blessent moins, mais les bienfaits doivent se verser petit a petit et un a un,
afin qu'on les savoure mieux[2] Il faut surtout
qu'un prince vive avec ses sujets, de maniere
qu'aucun évenement ne puisse le faire varier de
conduite avec eux, soit en bien, soit en mal. Si
c'est en mal que vous avez a agir, vous n'êtes
plus a temps, du moment ou la fortune vous est
contraire, et, si vous employez le bien, ils ne
vous savent pas gre d'un changement qu'ils
jugent etre force

1 Tout ce qui se fait par timidite est mal fait — CHRISTINE
2 Il faut se faire craindre et aimer C'est le seul secret.
— CHRISTINE.

CHAPITRE IX

DES PRINCIPAUTÉS CIVILES

Mais pour en venir à un autre point, on peut devenir prince de son pays par la faveur de ses concitoyens et sans employer la violence ni la trahison. C'est ce que j'appellerais principauté civile. Il n'est pas nécessaire pour y parvenir d'avoir un mérite rare ni un bonheur extraordinaire, mais seulement une heureuse adresse. Or, on s'élève à la souveraine magistrature ou par la bienveillance du peuple, ou par celle des grands. Car les différents partis qui peuvent diviser un État se réduisent à ces deux éléments qui naissent, l'un de l'aversion du peuple pour le gouvernement oppressif des nobles, l'autre, du désir qu'ont ceux-ci de gouverner le peuple et de l'opprimer Or, cette diversité de vues et d'intérêts donne lieu à une lutte qui amène ou la principauté, ou la liberté ou la licence.

La principauté vient ou du peuple ou des grands, selon que la fortune en décide, car les premiers, s'ils se sentent un peu vivement pressés par le peuple, ne trouvent souvent d'autre moyen pour le subjuguer que de mettre en avant l'un d'entre eux qu'ils font nommer prince, pour pouvoir, à l'ombre d'une autorité reconnue, se livrer au besoin qu'ils ont de dominer De son côté, le peuple, plutôt que de céder à son ennemi, prend d'ordinaire le parti de lui opposer un plébéien dont il espère appui et protection.

Celui qui parvient à la principauté par la faveur des nobles, s'y maintient avec beaucoup de peine, parce qu'il a autour de lui des hommes qui, se croyant encore ses égaux, se soumettent difficilement à son autorité Au contraine, celui qui est élevé a cette dignite par le vœu du peuple, s'y trouve seul, et, parmi ceux qui l entourent, il en est peu qui osassent lui resister

Outre cela, on peut, sans injustice, contenter le peuple, non les grands ceux-ci cherchant a exercei la tyrannie, celui-la seulement à l eviter D ailleurs, un prince qui aurait con tre lui les nobles, peut aisément, vu leur petit nombre, les contenir dans le devoir , mais comment pourrait-il s'assurer de l'obeissance et de la fidelite du peuple, si celui-ci separait ses propres interets des siens

Sans doute, le Prince doit s'attendre a être abandonne d'un peuple qui ne l'affectionne point, comme il le serait des grands contre le vœu et le gre desquels il gouvernerait Jusque-la tout est egal mais à l égaid de ces derniers, comme ils savent calculer les evénements et en profiter, le Prince doit compter qu'au premier revers de fortune, ils se tourneront contre lui, pour s'en faire un merite auprès du vainqueur.

Enfin, c'est une nécessité pour le Prince de

vivre toujours avec le meme peuple, mais non pas avec les mêmes nobles, qu il peut a son gre elever ou perdre, combler de faveurs, ou disgracier Mais pour jeter un plus grand jour sur cette matiere, il est a propos d'examiner les deux points de vue sous lesquels le Prince doit considerer les grands Et d'abord ils s'attachent en entier a sa fortune ou non Ceux qui font preuve pour lui de devouement et de zele doivent etre honores et cheris, pourvu, toutefois, qu'ils ne soient point gens de rapine. Parmi ceux qui evitent de montrer trop d'attachement a la fortune du Prince, les uns se conduisent ainsi par faiblesse et par timidite, les autres par calcul et par des vues particulieres d'ambition. Le Prince doit chercher a tirer parti des premiers, surtout s'ils ont d ailleurs du talent, d autant qu'on peut toujours s'en faire honneur dans la prosperite, et que dans l adversite, des hommes de ce caractere sont rarement a craindre Quant aux autres, le Prince doit s'en mefier comme d'ennemis declares, qui non contents de l'abandonner si la fortune lui devenait contraire, n'hésiteraient point à tourner leurs armes contre lui.

Celui donc qui a été porté à la principauté civile par la faveur du peuple, doit s'efforcer de conserver son affection, ce qui est toujours facile, puisque le peuple ne demande rien que de n'être point opprimé. Mais celui qui devient prince par la faveur des grands et contre le vœu du peuple, doit avant toute chose tenter de la gagner, et il y réussira en le protégeant contre ceux qui cherchent à le dominer.

Les hommes étant d'ordinaire plus sensibles au bien qu'ils reçoivent de ceux dont ils n'attendaient que du mal, on ne peut douter que le peuple ne s'attache à un prince qui le traite bien, plus encore que s'il l'avait lui-même porté au rang suprême. Or, on peut gagner la bienveillance du peuple par divers moyens, qu'il serait inutile de déduire ici, vu la difficulté de donner une règle applicable aux différentes circonstances.

L'affection du peuple est la seule ressource qu'un prince puisse trouver dans l'adversité.

Lorsque Nabis, prince de Sparte, fut attaqué par l'armée victorieuse des Romains et par les autres Ltats de la Grece, il n eut qu a s assurer d un petit nombre de citoyens, s'il avait eu le peuple pour ennemi, ce moyen ne lui eut certainement pas suffi

Vainement m opposera-t-on le proverbe qui dit « Que c est faire fond sur la boue que de compter sur le peuple [1] » Cela peut etre vrai a l egard d un citoyen en butte a des ennemis puissants, ou opprime par les magistrats, comme l eprouverent les Gracques a Rome et Georges Scali a Florence, mais un prince qui ne manque ni de courage, ni d une certaine adresse, et qui, loin de se laisser abattre par la mauvaise fortune sait par sa fermete autant que par de sages dispositions maintenir l'ordre dans ses Etats, un tel prince ne se repentira jamais d'avoir fait fond sur l affection du peuple [2].

1 Chi fonda in sul popolo fonda in sul fango Proverbe italien

2 Cela est sujet à caution et n est jamais vrai sinon quand on est le plus fort — CHRISTINE

Un prince court a sa ruine en voulant devenir absolu, surtout s'il ne gouverne point par lui-meme car alors il se trouve dans la depen dance de ceux a qui il a confie son autorite, qui, aux premiers mouvements, ou refusent de lui obéir, ou meme se soulevent contre lui, et alors il n est plus temps de songer a se rendre absolu, soit parce que le Prince ne sait a qui se fier, soit parce que citoyens et sujets, tous sont accoutumes a obéir aux magistrats, et qu'ils ne sauraient reconnaître d'autre autorite La condition du Prince dans de pareilles conjonctures est d'autant plus fâcheuse, qu il ne peut se regler sur l etat des choses qui a lieu dans les temps ordinaires, et lorsqu on a sans cesse besoin de recourir a son autorite , car alors tout le monde s empresse autour de lui et se sent disposé a mourir pour sa defense, parce que cette mort à laquelle on veut courir est eloignee , mais dans les revers de fortune, si l occasion se presente de montrer un tel devouement, le Prince eprouve, et malheureusement trop tard, combien cette ardeur etait peu sincere Or, cette epreuve est d'autant plus hasardeuse qu'on ne la fait pas deux fois

Un prince sage doit donc se conduire de maniere que, dans tous les temps, et de quelque maniere que ce soit que l Etat ait besoin des citovens, ceux-ci soient disposes a le servir avec zèle et fidelite [1]

[1] Ln ce monde on ne peut se passer les uns des autres Il faut rarement se fier à quelqu un mais il faut souvent faire semblant de s y fier — CHRISTINE

CHAPITRE X

COMMENT ON DOIT MESURER LES FORCES DES GOUVERNEMENTS

Il importe aussi dans l'etude des differents gouvernements dont je viens de parler, d'examiner si le Prince est assez puissant pour se defendre au besoin par ses propres forces et sans recourir a celles de ses allies Pour mieux eclaircir ce point, je remarquerai que ceux la seuls peuvent se maintenir d'eux memes, qui ont assez d'hommes ou assez d'argent pour mettre une armee en campagne et livrer bataille à celui qui les attaquera Mais bien triste, au contraire, est la condition d'un prince réduit à s'enfermer dans la capitale de son pays, et à y attendre l'ennemi J'ai déjà traité le premier point, et j'aurai occasion d'y revenir

Quant au second, je ne puis qu'avertir les princes de fortifier et d'approvisionner la ville ou ils résident, et de ne point se mettre en peine du reste, car s'ils ont su se ménager l'affection du peuple, comme je l'ai dit et le dirai encore par la suite, je ne pense pas qu'ils aient rien à craindre Les hommes n'aiment point à s'embarquer sans quelque apparence de succès, dans des entreprises difficiles, et il n'est jamais prudent d'attaquer un prince qui tient la capitale de son pays dans un bon état de défense, et qui n'est point haï du peuple

Les villes d'Allemagne jouissent d'une liberté très étendue, elles ont un territoire peu considérable, et obéissent à l'empereur quand il leur plaît [1], ne craignant point d'être attaquées par

1 Elles sont vénales — Christine

lui ni par d'autres, parce qu'elles ont toutes de
fortes murailles, de grands fosses, de l'artillerie
et des munitions pour un an [1], en sorte que le
siege de ces villes serait long et pénible Ajoutez a cela que pour nourrir le petit peuple, sans
toucher au tresor public, elles ont toujours en
reserve du travail a lui donner pour ce même
espace de temps, d ailleurs les troupes y sont
regulièrement exercees aux evolutions militaires, et les reglements a cet égard y sont aussi
sages que bien observes

Ainsi donc un prince qui a une capitale bien
fortifice, et dont les habitants sont affectionnes,
ne peut etre attaque avec avantage, parce que
les choses de ce monde sont tellement sujettes
au changement, qu il est presque impossible a
un ennemi de tenir un an devant une place
ainsi defendue

Mais, dira t-on, le peuple qui a ses biens au
dehors, et qui voit saccager ses terres, ne per-
dra-t-il point patience, et l'affection qu il porte

[1] Quelle place durera tant si elle est attaquee comm il
faut sans etre secourue ? — CHRISTINE

au Prince tiendra-t-elle si longtemps contre
l'interet de conserver ses proprietes et contre
les incommodites d un long siege ? Je reponds
a cela qu'un prince a la fois habile et puissant
surmontera aisement ces obstacles, soit en faisant esperer au peuple que le siege ne peut
durer, soit en lui faisant craindre le ressenti-
ment et la rapacite du vainqueur, soit en s'as
surant adroitement de ceux qui parlent trop
haut

Ajoutez a cela que l ennemi devaste le pays
au moment même qu il y entre, et lorsque les
assieges sont plus animes, plus disposes a se
defendre Le Prince doit donc a cet egard etre
exempt de crainte, parce que la premiere cha-
leur une fois passee, les habitants voyant que
tout est fait et qu il n'y a plus de remède, mon-
treront plus d ardeur a defendre leur prince,
qu'ils ont fait plus de sacrifices pour lui Car
qui ne sait que les hommes s attachent autant
par le bien qu ils font, que par celui qu ils
reçoivent ?

Toutes ces considerations me portent a croire

qu'un prince, pour peu qu'il ait d'habilete,
reussira sans peine a soutenir le courage des
assieges, pourvu toutefois que la place ne
manque pas de vivres et de moyens de defense

CHAPITRE XI

Il ne me reste plus a parler que des principautes ecclesiastiques, qui sont plus aisees a
conserver qu'a acquerir La raison en est, d'une
part, qu'on n y parvient que par le merite ou
par la fortune, de l'autre, que cette espece de
gouvernement a pour base d anciennes institu
tions religieuses qui sont tellement puissantes
que le Prince s'y maintient sans beaucoup de
peine, de quelque maniere qu il gouverne

Les princes ecclesiastiques sont les seuls qui
possèdent des Etats sans les défendre, et des

sujets sans les gouverner [1] Ils sont les
seuls dont les terres soient respectées et dont
les sujets n'aient ni la pensee, ni les moyens
de se soustraire a leur domination en un
mot, il n'y a pour les princes de bonheur et de
securite que dans cette espece d Etats [2] Comme
ils sont gouvernés par des moyens surhumains
et auxquels notre faible raison ne peut atteindre,
ce serait présomption et temerite a moi d'en
parler

Cependant, si l'on me demande comment la
puissance temporelle de l Eglise s est accrue
depuis le pontificat d Alexandre VI [3], au point de
faire trembler aujourd hui un roi de France,
de le chasser d'Italie et d ecraser les Vénitiens,
tandis qu'avant cette epoque, non seulement les
potentats de ce pays, mais même les simples

1 Tous les princes d aujourd hui sont ecclésiastiques à ce
propos Toute l Italie est dans cet état et une grande partie
de l Europe — CHRISTINE

2 Peut on être plus malheureux que le sont les peuples
de l Etat ecclesiastique sous Innocent XI ? — CHRISTINE

3 Alexandre VI était un grand pape quoi que l on dise —
CHRISTINE

barons et les moindres seigneurs redoutaient si peu l'évêque de Rome, du moins quant au temporel [1], je n'hésiterai point à répondre, quoique les faits que je vais rapporter soient assez connus

Avant que Charles VIII, roi de France, entrât en Italie, la souveraineté de ce pays était partagée entre le roi de Naples, le Pape, les Vénitiens, le duc de Milan et les Florentins La politique de ces princes se bornait à empêcher que les puissances étrangères ne pénétrassent en Italie et qu'aucun d'eux ne s'agrandît

Ceux d'entre ces États qui donnaient le plus d'ombrage étaient le pape et les Vénitiens Pour contenir ces derniers, il n'avait fallu rien moins qu'une ligue de tous les autres, comme on le vit dans la défense de Ferrare. Quant au pape, on se servait des barons romains qui, étant partagés en deux factions, les Orsini et les Colonne, avaient toujours les armes à la main pour venger leurs querelles jusque

1 A présent, on ne craint plus ni le temporel ni le spirituel — CHRISTINE

sous les yeux du pontife, dont l'autorite ne pouvait que souffrir de cet état de guerre intestine

Il s'elevait bien de temps a autre des papes qui, tels que Sixte-Quatre, reprimaient ces abus, mais la courte duree du pontificat ne permettait pas d en détruire la cause Les efforts de ces pontifes se boinaient a humilier pour quel que temps une des deux factions qu'on voyait se relever sous son successeur C'est ainsi que la puissance des papes usait ses forces, et per dait toute considération au dedans et au dehors

C'est dans cet état de choses qu'Alexandre VI fut eleve a la chaire pontificale Aucun de ceux qui l ont précéde ou suivi n'a montré, aussi bien que lui, tout ce qu'un pontife peut faire avec des hommes et de l'argent. J'ai dit ailleurs tout ce qu il fit a l occasion de l entrée des Français en Italie, et par le duc de Valentinois ; sans doute son intention était moins d agrandir l'Eglise que le Duc, mais elle n'en profita pas moins, a la mort de ce seigneur et du pontife

Jules II, successeur d Alexandre, trouva donc

l'Etat de l Eglise accru de toute la Romagne, et les factions des barons romains eteintes par l'habilete et le courage de son predecesseur, qui lui apprit encore l'art de thesauriser Jules en chérit dans tous ces points sur Alexandre VI Il ajouta Bologne aux terres du saint-siege, mit les Venitiens hors d etat de lui nuire et chassa les Français de l'Italie succes d'autant plus glorieux que ce pape avait travaille pour l'Eglise et non pour enrichir les siens

Jules laissa les Orsini et les Colonne au point ou il les avait trouves a son exaltation, et quoique les germes des anciennes divisions subsistassent encore, ils ne purent eclater sous un gouvernement puissant, et qui eut la sage politique d'eloigner du cardinalat l'une et l'autre de ces maisons C'etait tarir la source des dissensions qui jusqu'a son predecesseur avaient déchiré l'Eglise, parce que les cardinaux se servent du crédit et de l'influence que leur donne cette dignite, pour fomenter au dedans et au dehors des troubles auxquels les seigneurs de l'une et l'autre faction sont obliges de prendre part, en sorte qu'il est vrai de dire que la discorde qui est entre les barons vient toujours de l'ambition des prelats

Le pontife regnant a donc trouvé l'Eglise au plus haut degré de puissance. Mais si Alexandre et Jules l'ont affermie par leur courage, tout nous promet que Leon X couronnera l'œuvre par sa bonté et par mille autres qualités precieuses

CHAPITRE XII

DES DIFFÉRENTES ESPÈ ES DE MILICE ET DES SOLDATS MERCENAIRES

Ayant traite en detail des differentes espèces d Ltats politiques que je m'etais propose de faire connaître, et recherche les causes de leur prosperite comme de leur decadence, ainsi que les moyens par lesquels plusieurs les ont acquis ou conserves, il ne me reste a parler que des ressources que présentent les differentes espèces de milice, soit pour l'attaque, soit pour la défense

J'ai deja dit que les princes doivent donner

a leur puissance des bases solides, s'ils veulent
qu elle soit durable Or, les principaux fonde
ments des Etats, soit anciens, soit nouveaux
soit mixtes, sont les bonnes lois et les bonnes
troupes , mais comme il ne peut y avoir de
bonnes lois sans de bonnes troupes, et que ces
deux elements de la puissance politique ne vont
jamais l un sans 'autre, il me suffira de parler
de l un des deux

Les troupes qui servent a la defense d'un Etat
sont ou nationales ou étrangères, ou mixtes[1]
Celles de la seconde classe, soit qu'elles servent
en qualite d'auxiliaires ou comme mercenaires,
sont inutiles et dangereuses, et le Prince qui

1 Quoiq e Mach avel soit l auteur d un *Art de la guerre*
(Dell arte della guerra 1 vol in 12 Florence 1521 chez le
unt) ses considerations sur la milice n ont qu une valeur
politique Il a présidé à Florence à l organisation d une m
lice nationale et près le des travaux de fortification Il
n était ni ingenieur ni tacticien Matteo Bandello raconte au
début d une de ses *Novelle,* que Jean de Medicis afin de le
mettre à l épreuve lui ayant un jour donné à ranger sous
les murs de Milan trois mille hommes en bataille Machiavel
n en put venir à bout en une demi journée ce que voyant
Jean de Medicis les rangea lui même en bataille en une
demi heure

fera fond sur de tels soldats ne sera jamais en
sureté, parce qu'ils sont toujours désunis, ambitieux, sans discipline et peu fideles, braves
contre les amis, lâches en presence de l ennemi,
et n'ayant ni crainte de Dieu, ni bonne foi envers les hommes, en sorte que le Prince ne
peut retarder sa chute qu'en differant de mettre
leur courage à l epreuve Et, pour tout dire
d'un mot, ils pillent l Etat en temps de paix
comme le ferait l ennemi en temps de guerre
Comment en serait-il autrement? ces sortes de
troupes ne pouvant servir un Etat que pour
l interet d une paie, qui n est jamais assez forte
pour la leur faire acheter aux depens de leur vie,
elles veulent bien servir en temps de paix,
mais sitôt que la guerre est declaree, il est
impossible de les retenir sous leurs drapeaux.

C est un point qu il serait aise de prouver,
puisque la ruine de l'Italie ne vient aujourd'hui
que de la confiance qu'elle a mise dans des
troupes mercenaires, qui d abord rendirent
quelques services, mais qui donnerent la mesure de leur bravoure dès que les etrangers

parurent Aussi Charles roi de France, se rendit-il maître de l'Italie avec un peu de craie , et ceux qui disaient que nos péchés en étaient la cause, accusaient vrai C est effectivement nos fautes qui nous ont valu ce malheur, ou plutôt celles des princes qui au fait en ont porté la peine

Pour jeter un nouveau jour sur cette matière, j observe qu on ne peut se fier aux chefs de ces troupes, qu'ils soient bons ou mauvais officiers, dans le premier cas, puce qu'ils ne croient pouvoir s élever qu'en opprimant le Prince qui les emploie, ou en opprimant les autres contre son vœu, dans le second, parce qu'ils ne peuvent que hâter la ruine de l'Ltat qu'ils servent si mal

On dira peut être que tout autre capitaine qui aura les armes a la main fera de même, sur quoi j ajoute que l'Etat qui fait la guerre est ou monarchique ou républicain Dans le premier cas, c'est au Prince a se mettre a la tête des armées, dans le second, la Republique doit donner le commandement de ses troupes a l'un

de ses citoyens S'il n'y est point propre, elle
doit en nommer un autre, et s'il est bon capi
taine, elle doit le tenir dans une telle depen-
dance qu'il ne puisse outre-passer ses ordres

Il est constant que les Etats, soit republicains, soit autres, peuvent faire par eux-mêmes
de tres grandes choses, et que les milices mercenaires ne peuvent que nuire aux uns et aux
autres Et à l'égard des republiques, j'ajoute-
rai qu'elles se garantissent mieux de l'oppression de celui qui commande leurs troupes,
lorsqu'au lieu de milices etrangeres, elles em-
ploient celles du pays Rome et Sparte se sont
maintenues libres pendant plusieurs siecles,
avec des milices nationales, et aujourd'hui les
Suisses ne sont si libres que parce qu'ils sont
eux-mêmes bien armes

On peut citer pour preuve de ce que j'ai
avance sur le danger d employer des troupes
etrangeres les Carthaginois et les Thebains.
Les premiers, quoiqu ils eussent pour capitaines leurs propres citoyens, furent sur le point
de succomber sous la tyrannie des milices

etrangeres qu'ils avaient a leur solde, a la fin
de leur premiere guerre contre les Romains,
et, quant aux Thebains, on sait que Philippe
de Macédoine, s'etant fait donner le comman
dement de leurs troupes a la mort d'Epami-
nondas, n'eut qu'a vaincre les ennemis de
cette république, pour l'asservir

Jeanne II, reine de Naples, se voyant aban-
donnee par Sforce qui commandait ses troupes, fut contrainte, pour conserver ses Etats, de
se jeter entre les bras du roi d'Aragon Et François Sforce son fils, apres avoir battu les Venitiens à Caravaggio, ne se joignit-il pas a eux
pour opprimer les Milanais qui lui avaient confie le commandement de leurs troupes a la
mort de leur duc Philippe?

On me dira peut être que les Venitiens et les
Florentins n'ont agrandi leurs Etats respectifs
que par les milices etrangères qu'ils avaient a
leur solde, et que leurs generaux les ont toujours bien servis sans qu'aucun d'eux se soit
fait leur souverain Je reponds a cela que les
Florentins ont eu beaucoup de bonheur, car

ceux de leurs capitaines dont ils pouvaient
redouter l ambition, ou n ont point vaincu, ou
ont rencontre des obstacles, ou ont porte leurs
vues ailleurs On peut mettre dans la premiere
classe John Hawkwood[1], dont par consequent
la fidelite ne fut jamais mise a l epreuve Mais
comment ne voit-on pas que s'il eut vaincu, les
Florentins se trouvaient a sa discretion?

Si les Braccio et Sforce n'entreprirent rien
contre l'État qu'ils servaient, c est qu'etant rivaux, ils se surveillaient reciproquement. On
sut que le fils de ce dernier tourna son ambition contre la Lombardie, et Braccio contre
l Etat ecclesiastique et le royaume de Naples
Mais venons a ce que nous avons vu depuis
peu

Les Florentins donnerent le commandement
de leurs troupes a Paul Vitelli, homme très prudent, et qui, d'une condition privee, fut eleve
a ce poste ou il s acquit une grande reputation
Si ce general eût pris Pise, c'en etait fait de la
liberté des Florentins, ou de leur existence

____
1 Voy l Histoire de Florence liv 1

politique, car il n avait, pour les perdre, qu a
passer au service de leurs ennemis

Quant aux Venitiens ils n ont jamais dû leurs
succes qu a leurs propres armes, je veux dire a
la guerre maritime Car l'epoque de leur deca
dence est celle ou ils ont voulu combattre par
terre et prendre les mœurs et les coutumes des
autres peuples d Italie

Cependant ils eurent peu a redouter l ambition de leurs generaux, tant que leurs posses
sions en terre ferme furent peu considerables,
parce qu'ils se soutenaient encore par l eclat de
leur ancienne puissance , mais ils s aperçurent
de leur faute quand ils se furent etendus, et
qu ils eurent battu le duc de Milan sous la conduite de Carmagnola eu, voyant que c etait
un tres habile homme, mais qu il cherchait a
trainer la guerre en longueur, ils jugerent bien
qu ils ne devaient plus s attendre a vaincre,
puisque ce general ne le voulait pas , d un
autre côte, ne pouvant le licencier sans perdre
ce qu ils avaient conquis par sa valeur, ils prirent le parti de le faire assassiner.

Les Venitiens eurent depuis, pour generaux, Barthelemi de Bergame, Robert de Saint Severin et le comte Pitighano, avec qui ils avaient a craindre de perdre plutôt que de gagner, comme il leur arriva dans l affaire de Vaila, ou ils ensevelirent le fruit de huit cents ans de peines et de travaux. Les succes qu on obtient avec ces milices sont lents et faibles, mais leurs defaites sont soudaines et tiennent presque du prodige

Puisque ces exemples m ont conduit a parler de l'Italie, et de la triste experience qu elle a faite du danger d employer les milices etrangè-res, je vais reprendre les choses de plus haut, afin que la connaissance de leur origine et de leurs progres serve du moins a en prevenir les effets les plus fâcheux. On doit d'abord se rappeler que lorsque l Empire eut perdu le pouvoir et la consideration dont il avait joui jusqu'alors en Italie, et que l'autorite du Pape y prit de la consistance, ce pays fut divisé en plusieurs Etats

La plupart des grandes villes prirent les

armes contre la noblesse qui, appuyée par l'Empereur, les faisait gémir sous la plus cruelle oppression Le Pape les seconda dans leurs entreprises, et accrut par là sa puissance temporelle

D autres tombèrent sous la domination de leurs citoyens, en sorte que l Italie devint sujette de l glise et de quelques républiques Les princes ecclesiastiques, étrangers au metier de la guerre, se servirent les premiers de troupes mercenaires Alberic de Como, ne dans la Romagne est celui qui mit le plus en credit cette espece de milice C'est à son école que se formèrent les Braccio et Sforce, qui alors etaient les arbitres de l Italie A ceux-ci ont succédé tous ceux qui, jusqu à present, ont commande les armees dans ce pays

C est a leurs hauts faits que l on dut de voir l Italie envahie par Charles VIII, pillee et de vastée par Louis XII, opprimée par Ferdinand et insultée par les Suisses Les chefs de ces milices commencèrent par mettre de côte l'infanterie, d abord pour se rendre eux-mêmes

plus necessaires, ensuite parce que n'ayant point
d'Etats et ne subsistant que de leur industrie,
ils ne pouvaient rien entreprendre avec un petit corps d'infanterie, ni en nourrir un plus con
sidérable Ils trouvaient donc mieux leur compte
à la cavalerie, dont un nombre même mediocre les faisait vivre avec honneur A peine
comptait-on deux mille fantassins dans une
armée de vingt mille hommes Ajoutez à cela
que pour rendre leur metier moins penible, et
surtout moins perilleux, ils s'etaient mis sur le
pied de ne point se tuer reciproquement dans
les escarmou hes, se contentant de faire des
prisonniers, qu encore ils renvoyaient sans ran-
çon Ils ne faisaient jamais d assaut la nuit, et
l assiégé ne faisait jamais egalement de sortie
pendant la nuit , ils ne campaient que dans la
belle saison enfin, ils ne faisaient point de
retranchement dans leur camp Une discipline
aussi bizarre, inventee pour echapper au danger
et à la crainte rendit l'Italie esclave, et lui fit
perdre la consideration dont elle avait joui
jusqu'alors

CHAPITRE XIII

DES TROUPES AUXILIAIRES, MIXTES ET NATIONALES

Les troupes auxiliaires sont celles qu'un prince emprunte de ses alliés pour le secourir et le défendre C'est ainsi que le pape Jules II, ayant fait, dans l'entreprise de Ferrare, la triste expérience du danger d'employer des milices mercenaires, eut recours à Ferdinand, roi d'Espagne, qui s'engagea par un traité à lui envoyer des secours de troupes

Cette espèce de milice peut être utile a celui qui l'envoie, mais elle est toujours funeste au

prince qui s en sert , car si elle est battue, il
en supporte la perte, et si elle est victorieuse,
il est a sa merci L histoire ancienne est rem
plie de faits qui viennent a l'appui de ce que
j avance Mais pour me borner a un exemple
recent, Jules II voulant s emparer de Ferrare,
s'avisa de confier le soin de cette expedition a
un etranger , mais il survint, heureusement
pour lui, un incident auquel il dut de ne point
porter la peine d une telle imprudence C'est
que ses troupes auxiliaires ayant ete defaites a
Ravenne, le vainqueur se vit inopinement attaque par les Suisses qui le mirent en fuite , en
sorte que ce pontife echappa et a l'ennemi qui
venait d être vaincu a son tour, et a ses troupes auxiliaires qui avaient eu peu de part au
gain de la bataille

Les Florentins, voulant assieger Pise et se
trouvant depourvus de milices nationales, prirent dix mille Français à leur service, faute qui
leur attira plus de maux qu'ils n en avaient
eprouves jusqu alors. L'empereur de Constan-
tinople, menacé par ses voisins, fit entrer en

Grece dix mille Turcs, qu il n'en put faire sortir a la fin de la guerre, et cette province fut asservie aux infidèles

Celui donc qui veut se mettre hors d'état de vaincre, n a qu'a employer cette espèce de milice qui est encore pire que les troupes mercenaires, parce qu'elle forme un seul corps et est sous l obéissance d autrui Au contraire, ces dernières etant levées par celui qui les emploie et a sa solde, et ne formant pas un seul corps, peuvent moins aisement lui nuire après qu elles ont vaincu son ennemi , leur chef nommé par le Prince lui-meme ne peut prendre tout a coup assez d autorite sur ceux qu il commande, pour tourner ses armes contre lui Enfin je crois qu il faut autant redouter la valeur des troupes auxiliaires, que la lâchete des mercenaires , et un prince sage aimera mieux etre battu avec ses propres troupes que de vaincre avec des troupes étrangères, d'autant que ce n'est pas une veritable victoire que celle qu'on remporte par des secours etrangers

Je ne me lasserai jamais de citer en preuve

de mes assertions, l'exemple de Cesar Borgia.
Il se rendit maître d Imola et de Forli avec
des troupes auxiliaires toutes françaises, mais
voyant qu il ne pouvait compter sur leur fidelite, il eut recours aux milices mercenaires
dont il crut avoir moins a craindre, et que
commandaient les Orsini et les Vitelli. Mais ce
prince ne trouvant pas dans ces troupes plus
de surete que dans les autres, prit le parti de
s'en defaire, et ne se servit depuis, que de ses
propres soldats

Or, si l on veut connaître l'extreme difference
qu il y a entre ces deux especes de milices, il
n y a qu'a comparer les campagnes de ce duc,
lorsqu il avait a sa solde les Orsini et les Vitelli,
avec celles qu il fit a la tete de ses propres
troupes , car on ne connut jamais toute son
habilete que lorsqu'il fut maître absolu de ses
soldats

Je voulais m en tenir aux exemples tires de
l histoire moderne de l Italie, mais celui d Hieron de Syracuse, dont j'ai deja parle, vient tellement a mon objet, que je ne crois pas pou-

voir l omettre Cette ville lui avait confie le commandement de ses troupes qui étaient composees d'étrangers et a sa solde Ce general ne tarda pas a reconnaître combien peu on devait attendre de cette milice mercenaire dont les chefs se conduisaient a peu près comme nos Italiens Mais voyant qu il ne pouvait sans danger ni s en servir, ni la licencier, il prit le parti de la faire toute tailler en pièces et il fit ensuite la guerre avec ses propres troupes

Je rapporterai aussi une figure tirée de l'Ancien Testament David s'etant offert pour aller combattre le redoutable Philistin Goliath, Saul pour accroître son ardeur l'arma de son epee, de son casque et de sa cuirasse , mais David lui dit que ces armes l'incommoderaient plus qu'elles ne lui serviraient, et déclara qu'il ne voulait combattre son ennemi qu avec sa fronde et son couteau

Enfin les milices étrangères ou sont a charge, ou vous abandonnent au moment ou elles pourraient vous servir, ou même se tournent con-

tre celui qui les emploie Charles VII, père de
Louis XI, apres avoir par sa valeur delivre la
France des Anglais, convaincu de la nécessite
de combattre avec ses propres troupes, etablit
par toute la France des compagnies d ordonnance, de cavalerie et d'infanterie. Louis XI,
son fils, cassa depuis celles d'infanterie auxquelles il substitua les Suisses Cette faute, que
commirent aussi ses successeurs, est la source
des maux de cet Etat, comme on le voit aujour-
d'hui, car ses rois, en accreditant la milice hel-
vétique, ont avili leur propre milice qui, accoutumée a combattre a côte des Suisses, ne croit
pas pouvoir vaincre sans eux en sorte que les
Français n osent ni se mesurer avec les Suisses,
ni faire la guerre sans eux [1].

1 L exemple de Charles VII créant des compagnies d or
donnance et de Lou s XI remplaçant l infanterie française
par des Suisses n a pas de valeur Les compagnies d ordon
nance de Charles VII (1445) avaient un but d ordre supérieur
Ces compagnies d ordonnance sont l origine des armées per
manentes en Europ Elles n avaient pas ce but là dans l es
prit de Charles VII Elles avaient en vue de tenir en respect
les grands seigneurs feodaux, toujours prêts à lever l éten-

Les armees françaises sont donc en partie
mercenaires, et en partie nationales ou propres
Ce melange les rend meilleures que les troupes, ou toutes mercenaires, ou toutes auxiliaires, mais inferieures de beaucoup à celles
qui sont levees dans le pays même, et il suffit
de l exemple que je viens de rapporter, pour
prouver que la France serait invincible, si l on
y eut maintenu les dispositions militaires eta
blies par Charles VII Mais telle est l imprudence des hommes, que quand ils entreprennent
une chose ils n'en voient que les avantages ,
mais souvent un venin secret est cache sous ces
belles apparences, comme dans la fievre étique
dont j ai deja parle

dard de la révolte Quant à Louis XI sa garde suisse et sa
garde écossaise qui remplacèrent momentanément l infante
rie française devaient protéger sa personne Il était défiant
Il avait plus de confiance en des soldats étrangers qu il
payait bien qu en des troupes nationales que les grands
feudataires de la couronne auraient pu corrompre Les Suis
ses auxiliaires qui ont fait partie de l armée française jus
qu à la fin de l Ancien Régime n ont d ailleurs rien ôté de
leur valeur aux troupes françaises

Ainsi, le prince qui ne connaît les maux que lorsqu'il n'est plus temps de les prevenir, n'est pas vraiment sage, et cette sagesse est donnee a bien peu d entre eux.

La premiere cause de la decadence de l'empire des Romains fut d avoir pris des Goths a leur solde, ce qui mit en credit ces barbares aux depens des milices romaines

Un prince qui ne peut defendre ses Etats qu'avec des troupes etrangeres se trouve donc a la merci de la fortune et sans ressource dans l'adversite [1] C'est une maxime generalement reçue, qu'il n'y a rien de si faible que la puissance qui n est pas appuyee sur elle-même, c'est-a-dire qui n'est pas defendue par ses propres citoyens, ou par ses sujets, mais par des etrangers, soit allies, soit soldes Il sera aise de mettre sur pied une milice nationale, si l'on

[1] L exemple des nations modernes et en particulier des Etats maritimes, montre que les troupes auxiliaires à condition de n etre qu un appoint aux troupes nationales peuvent rendre les plus grands services, surtut dans les colonies, où souvent le climat ne permet pas d employer des troupes nationales

emploie les moyens dont se servirent avec tant
d habileté Philippe, père d Alexandre le Grand,
et plusieurs autres Etats, soit monarchiques,
soit republicains, dont j'ai parlé dans mes pré-
cedents ecrits, et auxquels je renvoie le lecteur.

CHAPITRE XIV

Les princes doivent donc faire de l'art de la
guerre leur unique étude et leur seule occupa-
tion [1], c'est là proprement la science de ceux
qui gouvernent Par elle on se maintient dans

---

1 Machiavel parle des Etats militaires de son temps, ou
plutôt des tyrans italiens du xvi° siecle toujours exposés à
les conspirations militaires Dans les monarchies et dans
les républiques modernes, le chef de l Etat n est plus exclu
sivement un général d armée n ayant de souci que son Etat
militaire Cet état de choses s appelle justement la Tyran
nie Les chefs d Etat d aujourd hui ne sont plus des ty
rans à l italienne Ce chapitre du *Prince* est un de ceux qui
ont le plus vieilli

ses Etats, par elle aussi de simples particuliers s'élèvent quelquefois au rang suprème, tandis qu'on voit souvent les princes en déchoir honteusement, pour s'etre laissé amollir dans un lâche repos. Oui, je le répète, c'est en négligeant cet art qu'on perd ses Etats, et c'est en le cultivant qu'on les conquiert.

François Sforce, de simple particulier, devint duc de Milan, parce qu'il avait une armée a sa disposition, et ses enfants, pour s'être écartés de cette regle, de ducs qu'ils étaient devinrent de simples particuliers. Il ne faut point s'en étonner, car, d'abord, rien n'est plus propre a faire perdre la consideration dont jouit un prince, que de n'être point à la tête de ses troupes, et la chose dont un prince doit surtout se garder, c'est d'être avili, ainsi que je le prouverai par la suite.

On ne peut etablir aucune proportion entre des hommes, dont les uns sont armés et les autres sans armes, aussi, serait-il absurde de voir ceux-ci commander, et les autres obéir. Il ne peut y avoir pour le maître desarmé, repos ni sûreté parmi des serviteurs armes les uns ayant du mepris et l'autre des soupçons il est impossible de vivre en harmonie avec de tels sentiments En un mot, un prince qui ne connaît point l'art de la guerre ne peut etre estime de ses troupes, ni se fier à elles

C'est donc une necessite aux princes de s'a donner entièrement à l'art de la guerre, qui comprend l etude ou le travail de tete, et l exer cice militaire Pour commencer par ce dernier, le Prince doit veiller a ce que ses troupes soient bien disciplinees et regulierement exercees La chasse le rompra, mieux que toute autre chose, à la fatigue et a toutes les intemperies de l'air Cet exercice lui apprendra en outre a observer les sites et les positions, a connaître la nature des fleuves et des marais, à mesurer l etendue des plaines, et la pente des montagnes. C'est ainsi qu il acquerra la connaissance de la topo graphie du pays qu'il a à defendre, et qu'il s'habituera a reconnaître facilement les lieux ou la guerre pourra le porter, car les plaines et les vallées de la Toscane, par exemple, res

semblent plus ou moins a celles des autres pays
J en dis autant des rivieres et des marais , en
sorte que l'étude d'un pays conduit a la connaissance des autres

Or, cette etude est une des plus utiles a ceux
qui commandent les armees Un general qui
la neglige ne saura jamais ni trouver l'ennemi
ni conduire ses troupes, ni camper, ni livrer a
propos bataille Les historiens grecs et romains
louent, et avec raison, Philopemen, prince des
Acheens, pour son application a l etude de l'ar
militaire pendant la paix Dans ses voyages,
il s arretait avec ses amis, et leur demandait
laquelle des deux armees aurait l avantage, si
l'une d elles etait postee sur telle ou telle col
line, et l autre dans tel ou tel endroit , comment celle qu il supposait commandee par lui
meme pourrait joindre l'autre, et lui livrer
bataille, comment il devrait s y prendre pour
faire sa retraite, ou pour poursuivre l ennemi
s'il se retirait Il leur proposait ainsi tous les
cas qui peuvent arriver a la guerre, ecoutait
leurs avis avec attention, donnait le sien et le

motivait Aussi, rarement lui arrivait-il d etre
surpris par des evenements imprevus

Quant a la partie de l'art militaire qu'on
apprend dans le cabinet, le Prince doit lie
l histoire, et donner une attention particuliere
aux exploits des grands capitaines et aux causes de leurs victoires et de leurs defaites, mais
surtout il doit suivre l exemple de quelques
grands hommes qui, s'etant proposes un modèle,
se sont attaches a marcher sur ses traces C'est
ainsi qu'Alexandre le Grand s'est immortalise
en s'efforçant d imiter Achille , Cesar en imitant Alexandre , et Scipion en imitant Cyrus
Car si l'on se donne la peine de comparer la
vie du heros romain avec celle de Cyrus, ecrite
par Xenophon on verra que Scipion fut,
comme son modele, genereux, affable, humain
et continent

C'est ainsi qu un prince sage doit se conduire
et s'occuper en temps de paix, afin que si la
fortune vient a changer, il puisse se mettre en
garde contre ses coups

CHAPITRE XV

CE QUI FAIT LOUER, OU BLAMER LES HOMMES, ET
SURTOUT LES PRINCES

Il s'agit maintenant de voir comment un
prince doit se conduire envers ses sujets et
envers ses amis. Cette matière ayant déja été
traitée par d'autres, je crains bien qu'on ne
me taxe de présomption si j'ose la considérer
d'une manière différente de la leur; mais, comme
mon objet est d'écrire pour ceux qui jugent
sainement, je vais parler d'après ce qui est, et
non d'après ce que le vulgaire imagine.

On se figure souvent des républiques et d'au

tres gouvernements qui n ont jamais existe Il y
a si loin de la maniere dont on vit a celle dont
on devrait vivre, que celui qui tient pour reel et
pour vrai ce qui devrait l'etre sans doute, mais
qui malheureusement ne l'est pas, court a une
ruine inévitable Aussi je ne craindrai pas de
dire que celui qui veut etre tout a fait bon avec
ceux qui ne le sont point, ne peut manquer de
perir tôt ou tard Un prince qui veut se maintenir
doit donc apprendre a n'etre pas toujours bon,
pour etre tel que les circonstances et l interet de
sa conservation pourront l exiger

Ainsi, mettant de côte les idees fausses qu'on
se fait des princes, et ne m arretant qu'a celles
qui sont vraies, je dis qu'on ne parle jamais
d un homme, quel qu'il soit, mais surtout
d un prince, sans lui attribuer quelque merite
ou quelque tort, une bonne ou une mauvaise
qualite, l'un est liberal, l'autre avare, celui ci
donne volontiers, l autre est avide, en un mot,
on est ou homme d honneur ou sans foi, ou effeminé et pusillanime, ou courageux et entrepre
nant, ou humain ou cruel, ou affable ou hautain,

ou sage ou livre a la debauche, ou fourbe ou de
bonne foi, ou facile ou dur et reveche, ou grave
ou etourdi, ou religieux ou impie.

Sans doute il serait très heureux, pour un
prince surtout, de réunir toutes les bonnes qualites , mais comme notre nature ne comporte
point une si grande perfection, il lui est necessaire d avoir assez de prudence pour se preser
ver des vices et des defauts qui pourraient le perdre, et, quant a ceux qui ne peuvent compromettre sa surete et la possession de ses Etats, il
doit s en garantir, si cela est en son pouvoir,
mais, si cela est au-dessus de ses forces, il peut
moins s en tourmenter, et veiller entierement
sur ceux qui pourraient causer sa ruine Il ne
doit pas craindre d encourir quelque blâme
pour les vices utiles au maintien de ses Etats
parce que, tout bien considere telle qualite qui
parait bonne et louable le perdrait inevitable
ment, et telle autre parait mauvaise et vi-
cieuse, qui fera son bien-être et sa surete

CHAPITRE XVI

DE LA LIBÉRALITÉ ET DE LA PARCIMONIE

Pour commencer par les premières qualités
dont je viens de parler, je remarque qu'il est
bon de passer pour libéral, mais qu'il est dangereux d'exercer cette libéralité de manière que
vous parveniez à n'être plus craint, ni respecté
Je m'explique. En effet, si le Prince n'est libéral
que comme il convient de l'être, c'est à dire avec
choix et mesure, il contentera peu de gens et
passera pour avare. Un prince qui veut qu'on
vante sa libéralité ne regarde à aucune sorte de
dépenses, mais alors il se voit souvent réduit,

pour maintenir cette reputation, a surcharger
ses sujets d'impôts, et à recourir à toutes les ressources de la fiscalite, ce qui ne peut manquer
de le rendre odieux, sans compter que le tresor public s epuisant par ses prodigalités, il perd
tout crédit, et court le risque de perdre ses Etats
au premier revers de fortune, sa liberalite lui
ayant fait plus d ennemis que d amis, comme il
arrive toujours D un autre côte, il ne peut revenir sur ses pas, et rentrer dans l ordre sans etre
taxe d'avarice [1]

Puis donc qu un prince ne peut etre libéral
qu a ce prix, il doit se mettre peu en peine de
ce qu'on pourra le taxer de parcimonie et
d avarice, d'autant que lorsqu on verra que ses
revenus suffisent a sa depense, qu'il est en etat
de defendre ses Etats, et de faire meme des

1 Ce chapitre du *Prince* a également vieilli La prodigalite
ou l avarice du chef de l Ltat ne touchent aujourd hui qu à
sa consideration personnelle Le tresor public n est obéré ni
enrichi par l avarice ou la libéralite du Prince Il n en dispose
pas Il a une liste civile ou un patrimoine, ordinairement l un
et l autre Ses depenses ne sont pas celles de l Ltat comme les
depenses des tyrans italiens auxquelles s appliquent les rai
sonnements de Mach ivel

entreprises utiles, sans etablir de nouveaux
impôts, ceux a qui il n'ôte rien, et c'est le grand
nombre, le trouveront suffisamment liberal.
Ceux qui seraient tentes de l accuser d'avarice,
parce qu il ne leur donne pas tout ce qu'ils lui
demandent, ne sont jamais tres nombreux. De
notre temps, nous n avons vu faire de grandes
choses qu'a ceux qui ont passe pour etres avares,
tous les autres ont succombe Jules II parvint
au pontificat par ses largesses , mais il jugea
que, pour pouvoir faire la guerre au roi de
France, il lui etait peu utile de conserver la
réputation de liberalité qu'elles lui avaient acquise Ses épargnes l'ont mis en état de soutenir toutes les guerres, sans nouveaux impôts.
Le roi d'Espagne, aujourd hui regnant, ne fût
jamais venu a bout de toutes ses entreprises,
s'il s'était mis en peine de ce qu'on pourrait
dire sur sa parcimonie.

Ainsi un prince, pour ne pas devenir pauvre,
pour pouvoir defendre ses Etats s'ils sont atta-
qués, pour ne pas surcharger ses sujets de nouveaux impôts, doit peu craindre d'être taxé

d avarice, puisque ce pretendu vice fait la sta
bilite et la prosperite de son gouvernement

« Mais, dira-t on, Cesar n'est parvenu a l empire que par ses largesses, c'est par ce même
moyen que tant d'autres se sont eleves » A
cela je reponds que la condition d un prince
est tout autre que celle d'un homme qui veut
parvenir Si Cesar eut vecu plus longtemps,
il eut perdu cette réputation de liberalite qui
lui avait fraye le chemin a l Empire, ou il se
serait perdu lui-même en voulant la conserver

On compte cependant quelques princes qui
ont fait de grandes choses avec leurs armées,
et qui se sont distingues par leur liberalité ,
mais c est parce que leurs largesses n'etaient
point a la charge du tresor public Tels ont
ete Cyrus, Alexandre et Cesar Le Prince doit
user avec économie de son bien et de celui de
ses sujets, mais il doit etre prodigue de celui
qu'il a pris sur l'ennemi, s'il veut être aime
de ses troupes Il n'est pas de vertu qui s'use,
pour ainsi dire, autant elle-même que la gene-

ıosıtė Celuı quı est trop lıbeıal ne le sera pas
longtemps ıl devıendra pauvre et avılı, a moıns
quıl n ecrase ses sujets d'ımpôts et de tıxes ,
maıs alors ıl leur devıent odıeux¹ Or, le Prınce
ne doıt rıen craındre autınt que d étre haı, sı ce
n est d étre mepııse et la lıberalıte conduıt a ce
double ccueıl et s'ıl fallaıt choısır entre deux
cxces, ıl faudraıt mıeux etre peu lıbéral que
de l'ctıe tıop, puısque le premıer, s ıl est peu
honorable, n entraînepas du moıns commel au-
tıe, la haıne et le meprıs

1 A moıns de faııe comme Alexandrе dıstrıbuant à ses
bénéraux et à ses soldats tout ce quıl possède avant d en-
vahır la Pеrsе On luı demande ce quıl se reserve ıl re
pond lesıérance et en effet, cеlaıl suffisant dans le cas
d Alexandre

CHAPITRE XVII

DE LA CRUAUTÉ ET DE LA CLÉMENCE, ET S'IL VAUT MIEUX ÊTRE AIMÉ QUE CRAINT

Je passe maintenant aux autres qualités requises dans ceux qui gouvernent Un prince, il n'y a aucun doute, doit être clément mais à propos et avec mesure Cesar Borgia passa pour cruel, mais c'est à sa cruauté qu'il dut l'avantage de réunir la Romagne à ses Etats, et de rétablir dans cette province la paix et la tranquillite, dont elle etait privee depuis long-temps Et, tout bien considere, on avouera que ce prince fut plus clement que le peuple de Florence, qui, pour eviter de passer pour

cruel, laissa detruire Pistoie Quand il s'agit
de contenir ses sujets dans le devoir, on ne
doit pas se mettre en peine du reproche de
cruaute, d autant qu'a la fin le Prince se trouvera avoir éte plus humain, en faisant un petit
nombre d exemples necessaires, que ceux qui,
par trop d'indulgence, encouragent des desordres qui entraînent avec eux le meurtre et le bri-
gandage Car ces tumultes bouleversent l Etat,
au lieu que les peines infligees par le Prince
ne portent que sur quelques particuliers.

Mais cela est vrai surtout d un prince nouveau, qui ne peut guere eviter le reproche de
cruaute, toute domination nouvelle etant pleine
de dangers Aussi Didon, dans Virgile, s ex-
cuse-t-elle de la severité, par la necessite ou l a
réduite l interet de se soutenir sur un trône
qu'elle ne tenait pas de ses aieux

> De mes naissants États l impérieux besoin
> Me force à ces rigueurs ma prudence a pris soin
> D entourer de soldats mes nombreuses frontières

> (*Énéide,* liv 1 , traduction de Delille)

Il ne faut cependant pas qu'un prince ait peur de son ombre, et ecoute trop facilement les rapports effrayants qu'on lui fait Il doit au contraire etre lent a croire et agir, sans toute fois negliger les lois de la prudence Il y a un milieu entre une folle sécurité et une defiance deraisonnable

On a demandé s il valait mieux etre aimé que craint, ou craint qu aimé [1]. Je crois qu'il faut de

[1] Le chapitre XVII du *Prince* est celui qui a soulevé les plus violentes polémiques On a écrit des centaines de volumes pour ou contre la théorie de Machiavel Il considère vo lontiers les princes du temps cependant il a puisé dans les auteurs classiques ses assertions les plus hasardées Il a pris le préférence dans Tacite et dans Sénèque *Omne magnum exem plum habet aliquid ex iniquo quod contra singulos utilitate publica rependitur,* dit Tacite (*Annales* livre XVI ch 6) « Tout grand exemple a quelque chose d auguste parce qu il re tombe sur chacun en particulier dans l interêt de l utilité pu blique » N est ce pas Sénèque qui dit *Honesta quædam scelera uccessus facit ?* « Il y a des crimes que l événement rend hon nêtes et glorieux » Les autorités à citer en faveur de Machia vel seraient innombrables Il n y a qu un revers à sa doc trine la vie ou les biens d un particulier qu on sacrifie a l interet de la société n effraient point les moralistes mais lorsqu on sacrifie cette vie ou ces biens au pouvoir d un homme qui ne représente pas en définitive l intérêt de tous mais le sien, la conscience proteste

l'un et de l autre , mais comme ce n'est pas chose aisee que de reunir les deux, quand on est reduit a un seul de ces deux moyens, je crois qu il est plus sûr d etre craint que d'etre aime Les hommes, il faut le dire, sont géneralement ingrats, changeants, dissimules, timides et âpres au gain Tant qu on leur fait du bien ils sont tout entiers a vous, ils vous offrent leurs biens, leur sang, leur vie, et jusqu a leurs propres enfants, comme je l'ai deja dit, lorsque l'occasion est eloignee , mais si elle se presente, ils se revoltent contre vous Et le Prince qui, fusant fond sur de si belles paroles, neglige de se mettre en mesure contre les evenements, court risque de perir, parce que les amis qu'on se fait a prix d argent, et non par les qualites de l'esprit et de l ame, sont rarement a l'épreuve des revers de la fortune, et vous abandonnent des que vous avez besoin d'eux Les hommes en general sont plus portes a ménager celui qui se fait craindre que celui qui se fait aimer La raison en est que cette amitie, etant un lien simplement moral et de devoir après un bienfait, ne peut tenir contre les calculs de l'intérêt, au lieu que la crainte a pour objet une peine dont l'idee lâche malaisément prise. Cependant le Prince ne doit pas se faire craindre de manière que, s'il ne peut se concilier l'amour, il ne puisse du moins échapper à la haine, parce qu'on peut se tenir aisement dans un milieu. Or, il lui suffit, pour ne point se faire haïr, de respecter les propriétés de ses sujets et l'honneur de leurs femmes. S'il se trouve dans la nécessité de faire punir de mort, il doit en exposer les motifs et surtout ne pas toucher aux biens des condamnés. Car les hommes, il faut l'avouer, oublient plutôt la mort de leurs parents que la perte de leur patrimoine. D'ailleurs, il se presente tant de tentations de s'emparer des biens, lorsqu'une fois on a commence à vivre de rapine! au lieu que les occasions de repandre le sang sont rares et manquent plus tôt.

Mais, lorsque le Prince est a la tête de son armée, et qu'il a a commander a une multitude de soldats, il doit se mettre peu en peine de passer parmi eux pour cruel, parce que cette reputation lui est utile pour maintenir ses troupes dans l obéissance, et pour prevenir toute espèce de faction

Annibal, entre autres talents admirables, avait éminemment celui de se faire craindre des troupes, jusque la qu'ayant conduit dans un pays etranger une armee tres considerable et composee de toute espece de gens, il n'eut pas a punir le moindre desordre et la plus légère faute contre la discipline, ni dans la bonne, ni dans la mauvaise fortune, ce qu'on ne peut attribuer qu'a son extreme severité et aux autres qualites qui le fiisaient respecter et craindre du soldat, et sans lesquelles son habilete et son courage eussent ete inutiles

Cependant il s est trouve des ecrivains, peu judicieux, à mon avis, qui, tout en rendant justice a ses talents et a ses grandes actions, en condamnent le principe Mais rien ne le justifie mieux a cet egard que l exemple de Scipion,

l un des plus grands capitaines dont l histoir
fasse mention Son extrême indulgence envers
les troupes qu'il commandait en Espagne oc-
casionna des desordres, et enfin une révolte qui
lui valut de la part de Fabius Maximus, en
plein senat, le reproche d avoir perdu la milice romaine Ce general ayant laisse impunie
la conduite barbare d'un de ses lieutenants ei -
vers les Locriens, un senateur, pour le justifier
remarqua qu il y avait des hommes à qui il
etait plus aise de ne pas faillir eux mêmes
que de punir les fautes d'autrui Cet exces
d indulgence eut terni avec le temps la re
putation et la gloire de Scipion, s'il eut
continue a commander et qu il eût conserve
ces memes dispositions, mais loin de lui
nuire, elle tourna tout entière à sa gloire,
parce qu il vivait sous le gouvernement du
senat

Je conclus donc, en revenant a ma première
question s il vaut mieux être aimé que craint,
que les hommes aimant a leur guise, à leur
volonte, et craignant au contraire au gré de

celui qui les gouverne, un prince doit, s'il est sage, ne compter que sur ce qui est a sa disposition, mais il doit surtout, ainsi que je l'ai deja observé, s'étudier a se faire craindre sans se faire haïr

CHAPITRE XVIII

SI LES PRINCES DOIVENT ÊTRE FIDÈLES A LEURS ENGAGEMENTS

Il est sans doute très louable aux princes d'êtres fidèles à leurs engagements, mais parmi ceux de notre temps qu'on a vus faire de grandes choses, il en est peu qui se soient piqués de cette fidélité, et qui se soient fait un scrupule de tromper ceux qui reposaient en leur loyauté.

Vous devez donc savoir qu'il y a deux manières de combattre, l'une avec les lois, l'autre avec la force. La première est propre aux hom-

mes, l autre nous est commune avec les bc-
tes, mais lorsque les lois sont impuissantes, il
faut bien recourir a la force, un prince doit
savoir combattre avec ces deux especes d'armes, c est ce que nous donnent finement a entendre les anciens poetes dans l'histoire alle-
gorique de l'education d Achille et de beaucoup
d autres princes de l antiquite, par le centaure
Chiron, qui sous la double forme d homme et
de bete apprend a ceux qui gouvernent, qu ils
doivent employer tour a tour l arme propre a
chacune de ces deux especes attendu que l une
sans l autre ne saurait etre d aucune utilite
durable Or, les animaux dont le Prince doit
savoir revetir les formes sont le renard et le
lion Le premier se defend mal contre le loup,
et l autre donne facilement dans les pieges
qu on lui tend Le Prince apprendra du premier
a etre adroit, et de l'autre a etre fort Ceux qui
dedaignent le rôle de renard n entendent guere
leur metier [1], en d autres termes, un prince

1 « Il lui (au Prince) faut quelquefois esquiver et gauchir
m sler la prudence avec la justice *et comme l on dict coudre à*

prudent ne peut ni ne doit tenir sa parole, que lorsqu'il le peut sans se faire tort, que les circonstances dans lesquelles il a contracté un engagement subsistent encore

Je n'aurais garde de donner un tel précepte, si tous les hommes étaient bons, mais comme

la peau de lion si elle ne suffit la peau le renard (Machiavel traduit par Juste Lipse) Ce qui n'est pas toujours et en tous cas mais avec ces trois conditions que pour la nécessité ou évidente ou importante de l'utilité publique c'est à dire de l'Estat et du Prince, qui sont choses conjointes à laquelle il faut courir c'est une obligation naturelle et indispensable c'est toujours s'estreind d'avoir que de procurer le bien public *salus populi supremi lex esto* (Lois des XII tables rapportees par Cic ion *de lejibus*, l III ch III) Que ce soit à la defensive non à l'offensive à se conserver et non à s'agrandir à se garantir et sauver des tromperies et finesses ou bien me chancetes et entreprises dommageables et non à en faire Il est permis de jouer fin contre fin et prés du renard, le renard contrefaire Le monde est plein d'artifices et de malices par fraudes et tromperies ordinaires les États sont subvertis dit Aristote (Pol t l v ch IV) bref, faisant à couvert ce que l'on ne peut ouvertement joindre la prudence à la vaillance apporter l'artifice et l'esprit ou la nature et la main ne suffit estre comme dit Pindare lyon aux coups et renard aux conseils, colombe et serpent, comme dict la vérité divine » (*Charron, De la Sagesse*)

ils sont tous mechants [1], et toujours prets a manquer a leur parole, le Prince ne doit pas se pi-
quer d etre plus fidele a la sienne, et ce manque
de foi est toujours facile a justifier J en pour
rais donner dix preuves pour une, et montrei
combien d engagements et de traites ont ete
rompus par l infidelite des princes, dont le plus
heureux est toujours celui qui sait le mieux se
couvrir de la peau du renard Le point est de
bien jouer son rôle, et de savoir a propos fein
dre et dissimuler Et les hommes sont si simples et si faibles que celui qui veut trompei
trouve aisement des dupes

Pour ne citer qu un seul exemple, pris dans
l histoire de notre temps le pape Alexandre VI
se fit toute si vie un jeu de tromper, et
malgre son infidelite bien reconnue il reussit
dans tous ses artifices Protestations, serments,
rien ne lui coutait, jamais prince ne viola
aussi souvent sa parole et ne respecta moins
ses engagements C'est qu'il connaissait par-

1 Cela suffit pour ne s y fier pas mais ne justifie pas ceux
qui sont comme le reste méchants et trompeurs — CHRISTINE

faitement cette partie de l'art de gouverner

Il n'est donc pas nécessaire à un prince d'avoir toutes les bonnes qualités dont j'ai fait l'énumération, mais il est indispensable de paraître les avoir, j'oserai même dire qu'il est quelquefois dangereux d'en faire usage quoiqu'il soit toujours utile de paraître les posséder Un prince doit s'efforcer de se faire une réputation de bonté de clémence de piété de fidélité à ses engagements, et de justice il doit avoir toutes ces bonnes qualités, mais rester assez maître de soi pour en déployer de contraires, lorsque cela est expédient Je pose en fait qu'un prince, et surtout un prince nouveau ne peut exercer impunément toutes les vertus, parce que l'intérêt de sa conservation l'oblige souvent à violer les lois de l'humanité, de la charité et de la religion Il doit être d'un caractère facile à se plier aux différentes circonstances dans lesquelles il peut se trouver En un mot il lui est aussi utile de persévérer dans le bien, lorsqu'il n'y trouve aucun inconvénient, que de savoir en dévier, lorsque les circon-

stances l'exigent Il doit surtout s'etudier a ne
rien dire qui ne respire la bonte, la justice, la
bonne foi et la piete, mais cette derniere qualite est celle qu'il lui importe le plus de paraître posseder, parce que les hommes en general
jugent plus par leurs yeux que par aucun des
autres sens Tout homme peut voir , mais il
est donne a très peu d hommes de savoir recti-
fier les erreurs qu'ils commettent par les yeux
On voit aisement ce qu'un homme parait etre,
mais non ce qu'il est reellement[1], et ce petit
nombre d esprits penetrants n ose contredire la
multitude, qui d ailleurs a pour elle l eclat et
la force du gouvernement Or, quand il s'agit
de juger l'interieur des hommes, et surtout
celui des princes, comme on ne peut avoir
recours aux tribunaux, il ne faut s'attacher
qu aux resultats le point est de se maintenir
dans son autorite , les moyens, quels qu'ils
soient, paraîtront toujours honorables, et seront loues de chacun Car le vulgaire se prend

1 On ne parait pas longtemps ce qu on n est pas —
Christine

toujours aux apparences, et ne juge que par
l'evenement Or, le vulgaire, c'est presque tout
le monde, et le petit nombre ne compte que
lorsque la multitude ne sait sur quoi s'appuyer

Un prince encore regnant, mais qu'il ne me
convient pas de nommer, ne preche jamais que
la paix et la bonne foi Mais s'il eût obser-
l'une et l'autre, il eut perdu plus d'une fois sa
reputation et ses Etats [1]

[1] Machiavel veut parler ici de Ferdinand V le catholi
que, roi d'Aragon et de Castille C'et ut par sa duplicité
qu'il avait acquis les royaumes de Naples et de Navarre

CHAPITRE XIX

QU'IL FAUT ÉVITER D'ÊTRE HAÏ ET MÉPRISÉ

J'ai traité séparément des principales qualités dont un prince doit être doué Pour abréger, je comprendrai toutes les autres sous ce titre général, savoir qu'un prince doit se garder soigneusement de tout ce qui peut le faire mépriser ou hair

Rien, a mon avis, ne rend un prince odieux, autant que la violation du droit de propriété, et aussi le peu de respect qu'il a pour l'honneur des femmes de ses sujets Les gouvernes sont toujours contents du Prince, lorsqu'il ne touche ni a leurs biens, ni a leur honneur , et pour lors il n a plus a combattre que les prétentions d'un petit nombre d'ambitieux, dont il vient aisement à bout

Un prince est méprisé lorsqu'il passe pour inconstant, leger, pusillanime, irresolu et effeminé, defauts dont il doit se garder comme d'autant d écueils, en s'efforçant de montrer de la grandeur, du courage, de la gravite et de la force dans toutes ses actions Ses decisions dans les affaires entre particuliers doivent etre irrevocables, afin que personne n ose se flatter de le tromper, ni de le faire changer d avis C'est ainsi qu'il se conciliera l estime de ses sujets et qu'il previendra les atteintes qu on voudrait porter a son autorité Il en redoutera moins aussi l'ennemi du dehors, parce qu'on ne va pas attaquer, de gaîte de cœur, un prince qui est revere de ses sujets car ceux qui gouvernent ont toujours deux espèces d'ennemis, ceux du dehors et ceux du dedans Il repoussera les premiers avec de bons amis et de bonnes troupes, et quant aux autres, qui ne sait qu'on a

toujours des amis quand on a de bons soldats !
D'ailleurs la paix du dedans ne peut être troublee que par les conspirations, qui ne sont dangereuses que lorsqu'elles sont encouragees et
soutenues par les étrangers Mais ces derniers
n'oseront remuer, si le Prince se conforme aux
regles que j'ai tracees, et suit l exemple de
Nabis, tyran de Sparte

Quant aux sujets, si le dehors est tranquille,
le Prince n'a a craindre que les conspirations
secretes, qu'il dejouera ou même previendra
en evitant tout ce qui peut le faire ou mepriser
ou hair, comme je l'ai dit assez au long D'ailleurs on ne conspire guère que contre les princes dont la ruine et la mort seraient agreables
au peuple, on ne s'exposerait pas, sans cela, a
tous les dangers qu entraînent de telles résolu-
tions

L'histoire est remplie de conjurations, mais
combien en compte-t-on qui aient ete couron-
nées du succès? On ne conspire pas seul, et
ceux avec qui on partage les périls de l'entreprise sont des mecontents, qui souvent par l'es-

poir d'une bonne recompense de celui dont ils avaient a se plaindre, denoncent les conjures, et font avorter leurs desseins Ceux qu'on est oblige d associer a la conjuration se trouvent entre la tentation d'un gain considerable et la crainte d'un grand danger, en sorte que, pour garder le secret confie, il faut être ou un ami tout a fait extraordinaire, ou l ennemi irrecon ciliable du Prince

Mais pour reduire la question a ses termes les plus simples, je dis. qu'il n'y a du côte des conjures que crainte, jalousie et soupçon, tandis que le Prince a pour lui l'eclat et la ma jeste du gouvernement, les lois, les habitudes et ses amis particuliers, sans parler de l affec tion que le peuple porte naturellement a ceux qui le gouvernent En sorte que les conjures ont a craindre, avant, et apres l'exécution de leurs desseins, puisque le peuple etant contre eux, il ne leur reste aucune ressource. Je pourrais apporter en preuve de ce que j'avance mille faits recueillis par les historiens, mais je me contenterai d'un seul dont la génération

passée a été témoin Annibal Bentivogli, aieul
de celui d aujourd hui et prince de Bologne,
avait été tue par les Canneschi, en sorte qu il
ne restait de cette famille que Jean Bentivogli
qui était encore au berceau Le peuple se souleve
contre les conjurés, et massacre toute la famille des meurtriers, et pour montrer encore
mieux leur attachement aux Bentivogli, comme
il n'en restait aucun qui put prendre la place
d'Annibal, les Bolonais reclament aupres du
gouvernement de Florence un fils naturel du
prince dont ils venaient de venger la mort,
lequel vivait dans cette ville sous le nom d un
artisan qui passait pour son pere, et lui con-
fierent la direction des affaires, jusqu a ce que
Jean Bentivogli fut en âge de gouverner

Le Prince a donc peu a craindre les conspirations, lorsque son peuple lui est affectionne
mais aussi il ne lui reste aucune ressource, si
cet appui vient a lui manquer Contenter le
peuple et menager les grands, voila la maxime
de ceux qui savent gouverner

La France tient le premier rang parmi les

Etats bien gouvernés Une des institutions les plus sages qu'on y remarque est sans contredit celle des parlements, dont l'objet est de veiller a la sûrete du gouvernement et a la liberté des sujets[1] Les auteurs de cette institution, connaissant d'un côte l'insolence et l'ambition des nobles, de l'autre les excès auxquels le peuple peut se porter contre eux, ont cherché a contenir les uns et les autres, mais sans l'intervention du Roi, qui n'eut pu prendre parti pour le peuple sans mecontenter les grands, ni favoriser ceux-ci sans s'attirer la haine du peuple Pour cet effet, ils ont institué une autorité qui, sans que le Roi eut à s'en mêler, put mepriser l'insolence des grands et favoriser le peuple Il faut convenir que rien n'est plus propre a donner de la consistance au gouvernement et assurer la tranquillite publique Les princes doivent apprendre par la a se réserver

1 Machiavel est ici fidèle a sa haine du monde féodal Les parlements a semblées le juristes appuyés sur le droit romain ont été institués par nos rois en vue de contenir la noblesse et de protéger contre elle la vie et les biens de la bourgeoisie et des pauvres manants

la distribution des grâces et des emplois, a laisser aux magistrats le soin de decerner les peines, et en general la disposition des choses qui peuvent exciter le mecontentement

Un prince, je le repete, doit montrer de la considération pour les grands, mais sans s'attirer la haine du peuple On m opposera peut-etre le sort de plusieurs empereurs romains qui ont perdu l'empire ou même la vie, quoiqu ils se fussent conduits avec sagesse et eussent deployé assez d habileté et de courage Pour repondre a cette objection, je crois devoir examiner le caractere de quelques-uns de ces empereurs, tels que Marc Aurele le philosophe, Commode son fils, Pertinax, Julien, Sevère, Antonin, Caracalla son fils, Macrin Heliogabale, Alexandre et Maximin Cet examen me conduira naturellement à exposer les causes de leur chute, et a justifier ce que j ai deja dit, dans ce chapitre, sur la conduite que doivent tenir les princes

Il faut d'abord observer que les empereurs romains n'avaient pas seulement a reprimer

l'ambition des grands et l insolence du peuple
ils eurent encore a combattre l avarice et la
cruaute des soldats Plusieurs de ces princes
périrent pour avoir echoue devant ce dernier
ecueil, d autant plus difficile a eviter, qu on
ne peut satisfaire l avidite des troupes, sans
mecontenter le peuple qui soupire apres la
paix, autant que les autres apres la guerre En
sorte que les uns voulaient un prince pacifique
et les autres un prince qui aimât la guerre,
qui fut avide, insolent et cruel, non sans doute
a leur egard, mais vis-a-vis du peuple, pour
avoir double paie et pour pouvoir assouvir
leur avarice et leur cruaute, or ces deux empe
reurs romains a qui la nature avait refuse cet
odieux caractere, ou qui n avaient pas su se le
donner, perirent presque tous miserablement,
par l'impuissance ou ils se trouverent de tenir
le peuple et les legions en bride Aussi la
plupart d'entre eux, principalement ceux dont
la fortune etait nouvelle, desesperant de pouvoir concilier des intérêts si opposés, prirent-
ils le parti de se tourner du côte des troupes,

se mettant peu en peine de mecontenter le peuple Et ce parti etait le plus sûr, car dans l alternative d'exciter la haine du grand nombre ou du petit nombre, il faut se determiner en faveur du plus fort Voila pourquoi ceux des Cesars qui s etaient eleves d'eux memes, ayant besoin d'une faveur extraordinaire pour se maintenir, s'attacherent aux troupes plutôt qu'au peuple, et ne succomberent jamais, que parce qu ils ne surent pas conserver leur affection

Marc-Aurèle le philosophe, Pertinax et Alexandre, princes recommandables par leur clémence, leui amour pour la justice et la simplicite de leurs mœurs, perirent tous, a l'exception du piemier qui vecut et mourut honore, parce qu etant parvenu a l empire par voie d'heredité, il n'en avait obligation ni aux troupes, ni au peuple, ce qui, joint a ses autres qualites, le rendit cher a tous et lui facilita les moyens de les contenir dans le devoir Mais Pertinax ayant voulu soumettre a une discipline severe, et bien differente de celle que faisait observer Commode son pie-

décesseur, les légions romaines, contre le vœu
desquelles d'ailleurs il avait été nommé empereur, périt peu de mois après son élévation, victime de leur haine, et peut-être aussi du mépris
qu'inspirait son grand âge. Et il est à remarquer que l'on encourt la haine en faisant le bien,
comme en faisant le mal. Aussi un prince qui
veut se maintenir est souvent forcé, comme je
l'ai déjà dit, a être méchant. Car, lorsque le
parti dont il croit avoir besoin est corrompu,
que ce soit le peuple les grands, ou les troupes,
il faut a tout prix le contenter, et dès lors
renoncer a faire le bien.

Mais venons a Alexandre[1] dont la clémence
a obtenu beaucoup d'éloges de la part des historiens, ce qui ne l'empêcha pas d'être méprisé a cause de sa mollesse, et parce qu'il se
laissait gouverner par sa mère. L'armée con-
spira contre ce prince, qui était si bon et si humain que, dans le cours d'un règne de quatorze
ans il ne fit mourir personne sans jugement.
Cependant il périt de la main de ses soldats

1 Alexandre Sévère

D un autre côté, Commode, Severe, Caracalla
et Maximin s'etant livres a tous les exces, pour
satisfaire l'avarice et la cruaute des troupes,
n eurent pas un sort plus heureux, a l'exception pourtant de Severe qui regna paisiblement, quoique pour satisfaire l'avidite des
troupes il opprimât le peuple, mais ce prince
avait d'excellentes qualites qui lui conciliaient
a la fois l affection du soldat et l admiration du
peuple Or, comme il s'etait eleve d une condition privee a l empire, et que par cette raison
il peut servir de modele a ceux qui se trouve-
raient dans la meme situation, je crois devoir
lui en peu de mots, comment il revetit tour a
tour les formes du lion et du renard ces deux
animaux dont j ai deja parle

Severe connaissant la lâchete de l empereur
Julien [1], persuada a l'armee qu'il commandait
en Illyrie, de marcher sur Rome pour ven
_er la mort de Pertinax qui avait ete mas-
sacre par la garde pretorienne C est sous ce

_____

1 D dius Julianus

pretexte, et sans qu'on se doutât qu'il pré-
tendit a l'empire, que ce général arriva en
Italie, avant qu'on y eût des nouvelles de son
depart. Il entre dans Rome et le senat inti-
mide le nomme empereur et fait mourir Julien.
Mais il avait encore deux obstacles a surmonter
pour etre maitre de tout l'empire. Pescennius
Niger et Albinus qui commandaient, l'un en
Asie l'autre en Occident, etaient tous les deux
ses competiteurs. le premier venait même
d'etre proclamé empereur par ses legions.
Severe voyant qu'il ne pouvait les attaquer
tous deux a la fois sans danger, prit le parti de
marcher contre Niger, et de tromper Albinus
en lui offrant de partager avec lui l'autorité,
ce que celui-ci accepta sans hésiter. Mais a
peine eut-il vaincu et fait mourir Pescennius
Niger et pacifié l'Orient, que de retour à Rome,
il se plaignit amerement de l'ingratitude d'Albinus, qu'il ne craignit pas d'accuser d'avoir
attenté a ses jours, « ce qui l'obligeait, dit-il,
de passer les Alpes pour le punir de reconnaître
ainsi ses bienfaits » Sévère arrive dans les

Gaules, et Albinus perd a la fois l'empire et la vie

Si l'on examine avec attention la conduite de cet empereur, on verra qu'il est difficile de reunir a un si haut degre la force du lion et la finesse du renard Il sut se faire craindre et respecter des troupes autant que du peuple, mais l on ne s'etonnera point de voir un homme nouveau se maintenir dans un poste si difficile, si l on considere que c est en commandant l estime et l admiration qu il desarma la haine que ses rapines devaient exciter

Antonin Caracalla son fils avait aussi nombre d excellentes qualites qui le rendaient cher aux legions et le faisaient respecter du peuple, il etait homme de guerre, et infatigable ennemi de la mollesse et de la bonne chere, ce qui le rendit l'idole de l armee, mais ce prince porta la ferocite a un tel point, que peuple, soldats et jusqu'a ses propres officiers, lui vouerent une haine irreconciliable Il perit de la main d un centurion, faible vengeance pour tout le sang qu'il avait fait repandre dans Rome et dans

Alexandrie, ou aucun des habitants n'échappa
au carnage [1]

Sur quoi je remarque que les princes peuvent difficilement se prémunir contre de tels
attentats Leur vie appartient a quiconque ne
craint point de mourir, mais comme ces attentats sont fort rares, les princes doivent peu s'en
inquiéter Ils doivent cependant éviter d'offenser grièvement ceux qui approchent de leur
personne C'est la faute que commit Antonin,
en retenant parmi ses gardes du corps un cen
turion dont il avait fait mourir le frère d'une
mort ignominieuse, et a qui il ne cessait de
faire des menaces, ce qui lui couta la vie.

Quant a Commode, il lui suffisait pour se
maintenir de suivre les traces de son père, a qui
seul il avait l'obligation de l'empire, mais
comme il était cruel, brutal et avide, la discipline qui régnait dans les armées fit bientôt
place a la licence la plus effrénée, s'étant d'ail
leurs rendu méprisable aux troupes par le peu
de soin qu'il prenait de sa dignité, jusque-la
qu'il ne rougissait pas de descendre dans l'arène,

et d'y combattre avec les gladiateurs, il périt
dans une conspiration provoquée par la haine
et le mepris qu'il s'etait attirés par ses bas-
sesses, son avarice et sa férocite Il me reste à
parler de Maximin

Les legions s etant defaites d'Alexandre, qu'elles trouvaient trop efféminé, mirent en sa place
Maximin, qui etait grand guerrier , mais Maximin étant devenu méprisable et odieux, il perdit
bientôt l'empire et la vie La bassesse de sa
naissance (on savait qu il avait gardé les trou-
peaux en Thrace), le peu d'empressement qu il
avait mis à venir à Rome pour y prendre possession de l'empire, mais surtout les cruautés
qu'il avait commises, par ses lieutenants, soit
dans la capitale, soit dans le reste de l'empire,
le rendirent si vil et si odieux, que l Afrique,
ensuite le senat, le peuple romain et toute l'Italie conspirerent contre lui, et furent secondés
par sa propre armée, qui, lasse de ses cruautés,
et fatiguée de la longueur du siege d Aquilee,
lui ôta la vie avec d'autant moins de crainte,
qu'elle le voyait détesté de tout le monde

Je ne parlerai ni d Heliogabale, ni de Macrin, ni de Julien, qui perirent couverts d'opprobre Mais, pour conclure, je dirai que les princes de notre temps n ont pas besoin d user de si grands menagements avec leurs troupes, parce qu'elles ne forment point, comme Rome un corps inde-pendant, comme une puissance dans l Ltat, et qu ils n'ont rien a en redouter toutes les fois qu elles sont traitees avec les egards convena-bles A Rome, il fallait surtout contenter les sol dats mais, dans nos Etats modernes, c est le peuple dont il importe de meriter l affection, comme etant le plus fort et le plus puissant Je n en excepte que ceux de Turquie et d'Egypte. On sait que le Grand Seigneur est oblige d'avoir sur pied une armee de douze mille hommes d infanterie et de quinze mille de cavalerie, qui fait la surete et la force de ce gouvernement, et dont par consequent il lui importe sur toutes choses de conserver l affection Il en est de meme du Soudan d Egypte, dont les troupes ont, pour ainsi dire, le pouvoir en main, et qu il est par consequent obligé de traiter avec beaucoup de menagements, et souvent aux depens du peuple, dont il n'a rien a craindre Ce gouvernement ne ressemble a aucun autre, si ce n'est peut-être au Pontificat Romain On ne peut le qualifier ni d hereditaire, ni de nouveau, puisqu'a la mort du Soudan, ce ne sont pas ses enfants qui regnent, mais celui qui est elu par ceux qui en ont le droit, d'un autre côte, cette institution est trop ancienne pour qu'on puisse regarder un tel gouvernement comme nouveau Aussi, le Prince elu n eprouve pas plus de peine à se faire connaitre, que le pape a Rome

Mais, pour revenir a mon sujet, je dis que les empereurs romains dont on peut m objecter le malheureux sort, n ont peri que parce qu ils se sont rendus odieux ou meprisables Voila pourquoi plusieurs d entre eux ont eprouve, soit en bien ou en mal, un sort si different de celui qu'avaient eprouve ceux-la memes d'apres les exemples desquels ils se conduisaient C'est ainsi qu'Alexandre et Pertinax, qui s etaient eleves d eux memes, se perdirent pour avoir voulu marcher sur les traces de Marc-Aurele, qui, parvenu a l'empire par voie d heredite, n'en avait obligation ni aux légions, ni aux troupes, Caracalla, Commode et Maximin périrent egalement pour avoir voulu se regler sur l empereur Severe, dont ils etaient loin d'egaler l habilete

Un prince nouveau doit donc se conduire differemment de Marc-Aurèle et de Séveie, mais il peut apprendre du premier comment on s'eleve, et de l autre, par quels moyens on peut se maintenir.

CHAPITRE XX

Il y a des princes qui, pour se maintenir
dans leurs Etats, desarment leurs sujets , d autres entretiennent la division dans les provinces soumises à leur domination , quelques-uns
même se font des ennemis a dessein quelques
autres s'efforcent de gagner ceux qui, au commencement de leur règne, leur etaient supects ,

1 Comparez ce chapitre avec ce que dit Machiavel dans
ses *Discours sur la première decade de Tite-Live* livre II,
ch 24 que *les forteresses sont en general plus nuisibles
qu utiles*

celui-ci fait construire des forteresses, et celui-
là fait démolir celles qui subsistent. Il n'est
pas aisé de déterminer ce qui est bon ou nuisible à cet égard. Sans entrer dans l'examen
des différents cas auxquels on pourrait appli-
quer les règles établies, je me contenterai donc
d'en parler d'une manière générale, et telle
que le sujet l'exige.

Un prince nouveau n'a jamais désarmé ses
sujets ; loin de là, il s'empresse de les armer
s'il les trouve sans armes, et rien n'est mieux
entendu ; car, dès lors, ces armes sont toutes
à lui. Ceux qui lui étaient suspects sont désormais attachés à sa cause, ceux qui lui étaient
fidèles continuent à l'être, et tous ses sujets
deviennent ses partisans.

Sans doute, il est impossible d'armer tout le
monde, mais le prince qui sait s'attacher ceux
qu'il arme, n'a rien à craindre des autres. Les
premiers lui en sont plus affectionnés à cause
de la préférence, et les autres l'excusent sans
peine, parce qu'ils supposent naturellement
plus de mérite à ceux qui courent plus de dan-

ger Mais un prince qui desarme ses sujets les offense, en les portant a croire qu il se mefie d eux
et rien n'est plus propre a exciter leur haine
Ajoutez a cela, qu'une telle mesure met le Prince
dans la nécessite d avoir recours a la milice mercenaire, dont j'ai expose assez au long tous les
dangers D'ailleurs cette ressource fut elle sans
inconvenient, serait toujours insuffisante contre
un ennemi puissant, et des sujets suspects

Aussi, voit-on toujours ceux qui s elèvent
d'eux memes a la souveraine magistrature armer leurs nouveaux sujets Mais s il s'agissait
de reunir un Ltat nouveau a un Ltat ancien ou
héréditaire, le Prince alors devrait desarmer
ses nouveaux sujets, a l exception toutefois de
ceux qui se seraient declarés pour lui avant la
conquete Encore lui convient-il de les amollir
et de les enerver peu a peu, afin de concentrer
dans l'Ltat ancien toute la force militaire

Nos ancetres, et particulièrement ceux qui
ont passe pour sages, disaient qu'il fallait contenir Pistoie par des factions domestiques, et
Pise par des forteresses Aussi, négligeaient-

ils rarement de fomenter des divisions dont les habitants étaient suspects Cette politique était bien entendue, vu l état de fluctuation ou se trouvaient les choses en Italie a cette epoque Mais elle serait déplacée aujourd'hui parce qu'une ville divisée ne pourra jamais tenir contre l'ennemi, qui ne manquerait pas d'attirer a lui une des deux factions, et par elle, de se rendre maître de la place

Les Venitiens, par un effet de cette même politique, favorisaient tour à tour les Guelfes et les Gibelins dans les villes soumises a leur domination , et quoiqu'ils ne les laissassent jamais en venir aux mains, ils ne cessaient d'entretenir des divisions qui les détournaient de la pensee de se révolter , mais cette république ne tira pas de cette conduite le fruit qu'elle en avait attendu , car ses armées ayant été battues a Vaïla, une de ces factions osa pretendre à la dominer et y réussit

Cette politique est toujours la ressource de la faiblesse, et un prince puissant ne souffrira jamais de telles divisions, qui ont sans doute moins d inconvenients en temps de paix, ou elles lui donnent le moyen de distraire les sujets de toute idée de rébellion, mais qui, en temps de guerre, mettent a nu l'impuissance de l l tat qui n'a pas craint d'y avoir recours

C est en surmontant les obstacles que les princes s agrandissent, et la fortune n'a pas de meilleur moyen pour elever un prince nouveau, que de lui susciter des ennemis et de lui faire eprouver des difficultes qui irritent son genie, exercent son courage et lui servent comme autant d'echelons pour parvenir a un haut degre de puissance Aussi, plusieurs pensent-ils qu'il est quelquefois bon a un prince de se faire des ennemis, qui, le forçant a sortir d'un repos dangereux, lui attirent l estime et l admiration de ses sujets, tant rebelles que fideles.

Les princes, et surtout les princes nouveaux, ont souvent trouve plus de zèle et de fidelite dans ceux de leurs sujets qui, au commencement de leur règne, leur etaient suspects, qu'en ceux sur qui, à cette époque, ils croyaient pouvoir se reposer avec confiance · Pandolphe

Petrucci, prince de Sienne, employait moins volontiers ceux-ci que les autres Mais il est difficile d'etablir des règles genérales sur un objet qui varie selon les circonstances Je remarquerai seulement que, si les hommes que le Prince avait pour ennemis dans les premiers temps de son regne ont besoin de sa protection et de son appui, il pourra les gagner aisément, et que ses nouveaux partisans lui seront d'autant plus fideles, qu'ils voudront effacer par leurs services les preventions défavorables que leur conduite passee avait fait naître Ceux, au con traire, qui ne se sont jamais trouves en opposition d interets avec le Prince le servent avec cette mollesse et cette négligence que produit la securite

Mais, puisque mon sujet m'y conduit naturellement, je remarquerai que ceux qui sont parvenus par la faveur du peuple, doivent rechercher la cause et les motifs de cette bienveillance Si c est en haine du gouvernement ancien, plus que par l'intérêt qu'inspire le Prince, il lui sera malaisé de se maintenir dans l'aflection de ses sujets, par la difficulté de les contenter

Il suffit de jeter les yeux sur l'histoire, soit ancienne, soit moderne, pour se convaincre qu'il est plus facile de gagner l'amitié de ceux qui supportaient sans peine l ancien gouvernement, quoique cependant ils fussent ses ennemis, que de ceux qui ne l ont aide a se rendre maître de l'État, que par suite de leur caractère difficile et remuant, qui ne leur permettait pas de tolerer les abus de l'administration passée

Les princes font construire des forteresses pour se maintenir plus facilement dans leurs États souvent menacés par les ennemis du dedans, et pour pouvoir soutenir les premiers efforts d une revolte Cette méthode est très ancienne et me paraît bonne, cependant on a vu de nos jours Nicolas Vitelli faire demolir deux forteresses a Citta di Castello, pour la sûreté de cet Etat Gui d'Ubaldo, duc d Urbin, ayant recouvre son duché d ou César Borgia l ivait chassé, en fit raser toutes les forteresses,

pour s'y maintenir plus facilement. Les Benti
vogli en firent autant a Bologne, lorsque cet
Etat rentra sous leur domination

Les forteresses sont donc utiles ou inutiles
selon les circonstances , et, si d'un côte elles
servent, elles nuisent de l autre Ainsi, un
prince qui craint plus ses sujets que les etrangers doit fortifier ses villes , dans le cas contraire, il doit se passer de forteresses Le château
que François Sforce fit construire à Milan a plus
nui et nuira plus a cette Maison, qu'aucun des
desordres sous lequel a gémi ce duché

Il n'y a pas de meilleure forteresse que l'affection du peuple, parce qu'un prince hai de ses
sujets doit s attendre a voir l ennemi du dehors
courir a leur secours, des qu il les verra courir
aux armes On ne voit pas que les fortifications
aient servi aux princes de notre temps, si ce
n'est peut-être a la comtesse de Forli, qui, après
la mort de son epoux, le comte Jérôme, se vit
par ce moyen en mesure d attendre les secours
que lui envoyait l'Etat de Milan, et de recouvrer
le sien, encore même fut-elle bien servie par

les circonstances qui ne permettaient pas a ses sujets d être secourus par les etrangers Mais, avant ete depuis attaquee par Cesar Borgia, ses sujets, en se joignant a ce prince, durent la convaincre, mais trop tard, que la meilleure forteresse, c est l affection des peuples

Je le repete donc, les forteresses peuvent servir aussi bien que nuire, mais une chose qui ne sert jamais et nuit toujours, c'est de se faire hair

CHAPITRE XXI

PAR QUEL MOYEN UN PRINCE SE FAIT ESTIMER

Rien n'est plus propre à faire estimer un prince que les grandes entreprises, et en général les actions extraordinaires. Ferdinand, roi d'Espagne, qui est aujourd'hui sur le trône, peut être considéré comme un prince nouveau, puisque de simple roi d'un État faible, ce prince est devenu, par tout ce qu'il a fait de grand, le premier roi de la chrétienté. Or, si l'on examine ses actions, on les trouvera toutes empreintes d'un caractère de grandeur, et quelques-unes même tout à fait extraordinaires.

A peine monte sur le trône, ce prince porta ses armes contre le royaume de Grenade et cette guerre fut le fondement de sa grandeur Les grands de Castille, ne pensant qu'à combattre, étaient loin de s'occuper d innovations politiques, et de s apercevoir de l'autorite que ce prince acquerait tous les jours aux depens de la leur, en entretenant, avec les deniers de l Eglise et du peuple, les armees qui l'ont eleve i ce haut degre de puissance Ensuite, pour pouvoir former des entreprises encore plus eclatantes, il se couvrit adroitement du masque de la religion, et par une pieuse cruaute, il chassa les Maures de ses Etats Ce trait de politique est vraiment deplorable et sans exemple

Ferdinand se couvrit aussi du manteau de la religion pour attaquer successivement l'Afrique, l'Italie et la France, nourrissant toujours les projets les plus vastes, les plus capables d'appeler l attention de ses sujets sur les evenements de son règne C'est ainsi que ce prince a su conjurer les orages qui se formaient sur sa tete, et que nous l avons vu atteindre son but, sans eprouver d'obstacles de la part de ses sujets

Il est encore très utile a un prince de décerner de temps en temps des peines et d'accorder des recompenses, qui jettent un grand éclat et qui s'impriment fortement dans les espi its Barnabo, seigneur de Milan, est a cet egard un exemple a suivre En general, ceux qui gouvernent doivent s'efforcer de piraître grands dans toutes leurs actions, et eviter dans leurs sentiments tout ce qui porterait le cai actère de l indécision et de li faiblesse Un prince qui ne sait pas ctre ou tout a fait ami, ou tout a fait ennemi, se conciliera difficilement l estime de ses sujets Deux puissints voisins se font-ils la guerre, il doit se declarer pour l'un d eux, sans quoi il deviendra li proie du vainqueur, et le vaincu applaudissint a si ruine , il ne lui restera aucune ressource , car le vainqueui ne peut vouloir d un ami douteux qui l'abandonnei ait au premier revers de fortune, et le vaincu ne peut lui pirdonner d'avoir ete spectateur tranquille de sa defaite

Lorsque Antiochus passa en Grece, ou les Ltoliens l'avaient appele pour en chasser les Romains, il envoya des ambassadeurs aux Achéens, amis de ces derniers, pour les engager a rester neutres Les Romains, au contraire, demandaient qu'on se declarât pour eux. La chose étant mise en deliberation dans le conseil des Achéens, l'envoye des Romains prit la parole apres celui d Antiochus, et dit « On « vous conseille de prendre le parti de la neu- « tralite comme le plus sur, et moi je vous as « sure qu'il n'y en a pas de pire, car vous res- « terez inevitablement a li discretion du vain- « queur quel qu il soit, et vous avez ainsi contre « vous deux chances pour une »

Ce ne sont jamais nos amis et nos allies, mais bien nos ennemis qui demandent de nous li neutralité Ce parti de la neutralite est celui qu embrassent le plus souvent les princes irresolus qu effraient les dangers presents, et c est celui qui, le plus souvent aussi, les conduit a leur ruine Lorsque le Prince se declare hautement pour l'un des deux partis, il se

l'attache par le lien de la reconnaissance, et
doit peu craindre de se trouver a sa discrétion
s'il est vainqueur : d'abord parce que les
hommes sont rarement assez dépourvus d'hon
neur, pour payer les bienfaits par une ingrati
tude si révoltante, ensuite parce que la victoire est rarement complete, au point de mettre
le vainqueur en etat de violer toutes les lois
de la bienséance. Si, au contraire, celui dont
le Prince a epousé la fortune est vaincu, il peut
se relever et reconnaître avec le temps cette
marque de préférence et d'estime.

Enfin, si les deux Etats qui se font la guerre
sont tels que le Prince n'ait point à craindre
le vainqueur, il doit encore se déclarer, pour
concourir ainsi à la ruine d'un Etat voisin,
avec celui qui l'aiderait a se maintenir s'il
etait sage, d'autant que ce dernier, s'il est
vaincu, se trouve a sa discrétion. Mais, puisque je raisonne dans la supposition que le
Prince ne peut rien craindre du vainqueur quel
qu'il soit, celui contre lequel il prend parti
sera nécessairement vaincu.

Or, un prince ne doit jamais, excepté le cas
où il y serait forcé par les circonstances,
comme je l'ai déjà dit, prendre parti pour un
État voisin plus puissant que lui, parce qu'il
se met ainsi à sa discrétion, s'il est vainqueur.
C'est ainsi que les Vénitiens se perdirent pour
s'être alliés sans nécessité à la France contre
le duc de Milan. Les Florentins, au contraire,
ne peuvent être blâmés d'avoir embrassé le
parti du Pape et du roi d'Espagne, lorsque
ceux-ci firent marcher leurs troupes contre la
Lombardie, parce qu'en cela ils obéirent à la
loi de la nécessité, ainsi que je l'ai prouvé en
son lieu. Au reste, il n'y a point de parti parfaitement sûr, et souvent on n'évite un danger
que pour en courir un plus grave. La prudence
humaine consiste à éviter le pire.

Les princes doivent honorer les talents et
protéger les arts, principalement le commerce
et l'agriculture. Il leur importe surtout de ras-
surer ceux qui les exercent contre la crainte
d'être surchargés d'impôts et de se voir dé-
pouillés de leurs terres après les avoir ame-

liorées par une bonne culture ; enfin, ils ne doivent pas negliger de donner au peuple, en certain temps de l'année, des fetes et des spectacles, comme aussi d'honorer de leur présence les assemblees des différents corps de metier, et de déployer dans ces occasions leur magnificence et leur bonte, mais en evitant tout ce qui pourrait compromettre la dignite du rang auquel ils sont eleves

CHAPITRE XXII

DES MINISTRES

Un des points les plus importants, et qui donne la mesure de la sagesse de ceux qui gouvernent, c'est le choix des ministres Un prince qui place bien sa confiance n'est jamais un prince ordinaire Aussi est-ce par la qu'on le juge, les talents qu'il peut avoir d'ailleurs ne pouvant etre mis en évidence que dans des occasions qui ne se presentent pas souvent Tous ceux qui connaissaient Antoine de Vénafre ne pouvaient s'empêcher de rendre justice au jugement et a la sagesse de Pandolphe Petrucci qui avait fait choix d un si habile homme pour administrer ses Etats

Or, il y a trois sortes d'esprits [1] les uns savent decouvrir ce qu il leur importe de connaitre, d autres savent discerner facilement ce que d'autres leur presentent, enfin il en est qui n entendent ni par eux, ni par autrui Les premiers sont excellents, les seconds sont bons, et les autres parfaitement nuls. Pandolphe appartenait au moins a la seconde classe

1 Il y a trois sortes de gens au monde, comme trois classes et degres d esprit En l un et le plus bas sont les esprits faibles et plats, de basse et petite capacité nés pour obeir, servir et être menés au second et moyen estage sont ceux qui sont de médiocre jugement font profession de suffisance ils s asservissent aux opinions et lois municipales au troisième et plus haut estage sont les hommes doués d un esprit vif et clair jugement fort ferme et solide, qui ne s arretent aux opinions communes et reçues ceux de la première et de la dernière, de la plus basse et de la plus haute ne troublent pont le monde, ne remuent rien les uns pour insuffisance et foiblesse, les autres par grande suffisance, fermeté et sagesse Ceux du milieu font tout le bruit, les disputes qui sont au monde presomptueux toujours agités et agitants »
Charron De la Sagesse livre 1, ch 39

Charron est un élève de Machiavel autant que de Montaigne

Car lorsqu'un prince sait distinguer ce qui est utile d avec ce qui est nuisible, il peut, sans être un homme de génie, juger la conduite de ses ministres, et la louer ou la blâmer, en sorte que ceux-ci, bien convaincus qu'ils ne peuvent le tromper, le servent avec zele et fidelite

Mais quels sont les moyens de connaître les ministres ? Un voici un qui est infaillible C'est de voir s'ils s'occupent plus de leurs interêts propres, que de ceux de l'Etat Un ministre doit être tout entier a la chose publique, et n'entretenir jamais le Prince de ses affaires particulieres C est au Prince a s'occuper des interets du ministre qui s'oublie pour ainsi dire lui-même, et à le combler de biens et d honneurs, par ce moyen il lui ôtera la pensee de rechercher d'autres richesses et d'autres dignites, mais surtout il le portera a craindre et a eloigner tout changement funeste au souverain qu'il sert C est le seul moyen d'etablir entre le Prince et ses ministres une confiance qui leur est également utile et honorable

CHAPITRE XXIII

COMMENT ON DOIT FUIR LES FLATTEURS

Je ne dois pas oublier de parler d'un mal contre lequel les princes doivent etre toujours en garde, et qu'ils ne peuvent éviter que par une très grande prudence, et ce mal est la flatterie [1] qui règne dans toutes les cours Les

1 Chez les Grecs, les mots *flatteur* et *parasite* étaient synonymes «J'avouerai, dit Plutarque *De la manière de distinguer un flatteur d'un ami*, qu'il est difficile de discerner un flatteur d'avec un ami si l'on parle du flatteur véritable, du flatteur qui sait exercer son métier avec art et finesse, et l'on ne prodigue point ce nom comme fait le vulgaire à ces pique assiettes prêts à tout supporter car on eut par exemple facilement démasqué le parasite d'Alexandre de Phères appelé Mélanthios puisqu'il ne rougissait pas de répondre lorsqu'on lui demandait comment Alexandre était mort *hélas*

hommes ont tant d'amour-propre et ont une si
bonne opinion d eux-mêmes, qu il est bien difficile de se preserver d une telle contagion ; et
d'ailleurs, en voulant l'eviter, on court le risque de se faire mépriser. Car les princes n'ont
d'autre moyen d'écarter les flatteurs, que de
montrer que la vérite ne peut les offenser,
mais si chacun a la liberte de parler haut, que
devient le respect dû a la majeste du souverain ?
Un prince prudent doit tenir un juste milieu, en
choisissant des hommes sages, auxquels seuls il
donnera la liberté de lui dire la vérité, mais
seulement sur les choses qu il demandera Il
doit sans doute les interroger, entendre leurs
avis sur tout ce qui le touche, mais se determiner ensuite d apres sa propre opinion, et se
conduire de manière a convaincre tout le

d un coup de poignard qui lui perçant les côtes a penetre jus
qu à mon ventre » Du temps de Plutarque et jusqu à Juvénal
le flatteur et le Parasite se côtoient depuis l histoire les a
distingues Au moyen âge les parasites sont devenus avec leurs
attributs grecs et romains, les fous des rois et des barons
les flatteurs sont devenus les courtisans Puis le Prince
étant devenu l électeur, on s est tourné vers ce dernier

monde, que plus on lui parle librement et plus
on lui plaît. Quant aux autres, le Prince ne
doit pas les entendre, mais suivre la route qu'il
s'est tracée, sans s en détourner.

Un prince qui en agit autrement, ou se perd
en écoutant les flatteurs, ou est sujet a varier
sans cesse, ce qui lui fait perdre toute considération Je veux citer a l appui de cette doctrine
un trait de l'histoire de notre temps Le prêtre
Luc disait de l'empereur Maximilien son maître, aujourd'hui régnant, qu il ne prenait conseil de personne, et que cependant il n'agissait
jamais d'après ses propres opinions En cela il
suit une route diametralement opposée a celle
que je viens de tracer Car, comme ce prince ne
fait part de ses projets a aucun de ses ministres, les observations viennent au moment
même ou ils doivent s'exécuter, en sorte que,
pressé par le temps et vaincu par des contra-
rietes qu il n'avait pas prevues, il cede aux avis
qu'on lui donne Or, je le demande, quel fond
peut-on faire sur un prince qui defait aujour
d'hui ce qu'il a fait la veille ?

Un prince doit toujours demander des conseils, mais quand il lui plaît et non quand il plaît aux autres, en sorte que personne n ose lui donner des conseils qu'il ne demande pas Il doit être grand questionneur et ecouter avec attention, et s il voit qu'on hesite a lui tout dire, il doit en temoigner du mecontentement

C'est se tromper grossierement que de croire qu un prince sera moins estime parce qu'il prend conseil d autrui, et qu'on le jugera incapable de voir par lui même, car un prince qui manque de lu mere ne saurat jamais etre bien conseille, a moins qu il n'ait le bonheur de rencontrei un ministre tres habile sui qui il se dechargerat de tous les soins du gouvernement, mais alois il courrait risque de se voir depouiller de ses Etats par celui a qui il aurait si impiudemment confie son autorite, et si iu lieu d'un seul conseiller le Prince en a plusieurs, comment pouria-t-il, s il est depourvu de lumièies, concilier les avis divers de ses ministies, qui peut-etre s'occuperont plus de leurs

intérets propres que de ceux de l Etat, et sans
qu'il s'en doute ? Les hommes étant d ailleurs
assez generalement méchants, ne se tournent
au bien que lorsqu'ils y sont forcés D ou je
conclus que les bons conseils, de quelque
part qu ils viennent, ne sont dus qu à la sagesse
du Prince et que la sagesse du Prince n'est
pas le fruit de la bonté des conseils

CHAPITRE XXIV

POURQUOI LES PRINCES D'ITALIE ONT PERDU LEURS ÉTATS

Un prince, quoique nouveau, se maintiendra aussi aisement dans ses Etats que celui qui règne par droit d'heredité, s'il se conduit d'apres les maximes que je viens d'exposer, et sa condition est peut-etre même preferable, a certains egards, a celle d'un prince héreditaire, parce que, comme on examine avec plus d'attention la conduite d'un prince nouveau, s'il gouverne avec sagesse, son mérite lui conciliera l'estime et l'affection des peuples plus que ne ferait la legitimité de sa domination On suit d'ailleurs que les hommes s'arrêtent bien plus au present qu'au passe, et ne cherchent point a changer, quand ils se trouvent bien, un prince qui remplit bien ses devoirs ne doit jamais craindre de manquer de défenseurs La nouveaute de sa fortune, loin d être un motif pour la faire estimer moins, doublera, au contraire, sa gloire, par les obstacles qu'il aura eus a vaincre, et que son merite seul lui a fait surmonter. Autant son regne acquiert d eclat, par les bonnes lois qu il a etablies, par l'institution d'une milice imposante, par les amis utiles qu'il s est faits, et par des exploits eclatants, autant celui qui perd, par sa faute, des Etats hereditaires, est-il deconsidere et avili

Si l on examine la conduite du roi de Naples, du duc de Milan et d'autres qui ont perdu les leurs de notre temps, on verra qu ils ont tous commis une grande faute, en negligeant d'instituer une milice nationale, de plus, ils ne paraissent pas s être mis en peine de gagner l'affection des peuples et de s'assurer des grands;

car il n'y a guere que des erreurs de ce genre
qui puissent perdre un Etat capable de mettre
une armee en campagne Philippe de Macedoine,
non le pere d'Alexandre le Grand, mais celui
qui fut defait par Titus Quinctius, avait un Etat
bien peu considerable, si on le compare a ceux
de Rome et de la Grece, dont il eut a soutenir
les efforts combines Cependant il resista a ces
grandes puissances, et pendant plusieurs annees que dura la guerre, il perdit seulement
quelques villes, mais ce prince etait homme de
guerre, et de plus il sut se faire aimer du peuple, et ménager les grands

Ce n'est donc point a la fortune que nos princes
d Italie doivent s'en prendre s ils ont perdu
leurs Etats, mais a leur lâchete et a leur impre-
voyance Car ils etaient si loin de croire a la
possibilite d une telle revolution dans leur fortune, ce qui est assez ordinaire aux gouvernements dont la tranquillite n a pas ete troublee
de quelque temps, que lorsqu ils ont vu appro-
cher l ennemi ils ont pris la fuite au lieu de se
defendre, comptant que les peuples, suppor-

tant impatiemment l'insolence du vainqueur,
ne tarderaient pas à les rappeler Ce parti, a
defaut d'autres, est sans doute bon, mais il
est honteux de négliger ainsi les moyens honorables d'echapper à sa perte, et de se laisser
tomber, dans l'esperance qu'on vous relèvera,
esperance d'ailleurs souvent vaine, mais fut-
elle fondée, celui qui compte sur un appui
etranger trouvera un maître dans son défenseur
C'est dans lui-même et dans son courage qu'un
prince doit chercher des ressources contre la
mauvaise fortune

CHAPITRE XXV

COMBIEN LA FORTUNE INFLUE SUR LES CHOSES DE CE
MONDE, ET COMMENT ON PEUT LUI RÉSISTER

Je sais que plusieurs ont cru et croient encore que les choses de ce monde sont gouver-
nées, soit par la Providence divine, soit par le
hasard, d une maniere telle que la prudence
humaine ne peut rien contre les evénements, en
sorte qu'il est inutile de s'en mettre en peine,
et de chercher a les prevenir ou à les diriger.
Les révolutions dont nous avons été et dont nous
sommes encore temoins sont bien propres a ac-
créditer cette opinion, contre laquelle j'ai quel-

quefois moi même bien de la peine a me défendre, lorsque je considère combien ces évé-
nements passent toutes nos conjectures Cependant, comme nous avons un libre arbitre, il
faut, ce me semble, reconnaître que le hasard
ne gouverne pas tellement le monde que la
prudence humaine n ait quelque part a tout ce
que nous voyons arriver

Je comparerais volontiers la puissance aveugle du hasard a un fleuve rapide qui, venant a
se deborder, inonde la plaine, deracine les ar-
bres, renverse toutes les habitations et entraîne
au loin les terres qui bornaient son lit, sans
qu on ose ou qu on puisse s opposer a sa fureur,
ce qui n empêche pas que lorsqu'il est rentré
dans ses limites on ne puisse construire des di-
gues et des chaussees, pour prevenir de nou
veaux debordements Il en est de même de la
fortune elle exerce sa puissance, lorsqu on ne
lui oppose aucune barrière [1]

1 L homme l Etat et le poète chez Machiavel ne sont pas
du même avis Dans ce chapitre du *Prince* il croit possible de
limiter l action de la fortune Dans ses poesies il célèbre vo

Si l'on jette les yeux sur l'Italie, qui est le
théâtre de ces changements et qui les a provo-
qués, on verra que c'est un pays sans defense.
Si, à l'exemple de l'Allemagne, de l'Espagne
et de la France, elle se fut mise en mesure de
resister à ses ennemis, elle n'aurait pas ete
envahie par les etrangers, ou du moins cette
irruption eut ete moins considerable

Je n'en dirai pas davantage sur les moyens
generaux de vaincre la mauvaise fortune, mais,
pour me borner a quelques particularites, je
remarquerai qu'il n'est pas rare aujourd'hui de

lontiers la toute puissance de la fortune On lit dans son ode
à J B Soderini « La multitude lui donne le nom de toute
puissante parce que quiconque reçoit la vie dans ce monde
éprouve tot ou tard sa puissance Souvent elle tient les Bons
abattus sous ses pieds tandis qu'elle élève les Mechants et si
parfois elle fait une promesse jamais on ne la voit la tenir
Elle renverse de fond en comble les Etats et les royaumes au
gré de son unique caprice et elle ravit aux justes les biens
dont elle est prodigue envers les injustes Elle dispose du
temps au gré de sa volonté elle nous élève elle nous renverse
sans pitie, sans loi et sans raison Personne ne sait ni de qui
elle est fille ni de qui elle est née ce qu'il y a de certain c'est
que Jupiter lui meme redoute son pouvoir » Nul n'est admis
à lui faire sa cour, s'il ne lui est presente par l'occasion.

voir des princes tomber d un état prospère dans
l infortune, sans qu'on puisse attribuer leurs
disgrâces a aucun changement dans leur conduite ou dans leur caractere Je crois que cela
tient a des causes que j ai déduites ci-dessus
assez au long, savoir que les princes qui
comptent trop sur la Fortune doivent périr lorsqu'elle les abandonne

Les princes qui reglent leur conduite sur le
temps sont rarement malheureux, et la Fortune
ne change que pour ceux qui ne savent pas se
conformer aux temps. La preuve de ce que
j avance est dans la diversité des routes que
tiennent ceux qui courent apres la gloire ou
apres les richesses, l'un poursuit son objet a
l'aventure, l autre avec mesure et prudence,
celui-ci emploie la ruse, celui-la la force, l'un
est impatient, l autre sait attendre, or, on en
voit qui reussissent par ces moyens divers et
contraires, souvent de deux personnes qui suivent la meme route, l une arrive et l autre s'e-
gare La difference des temps peut seule expli-
quer ces bizarreries des évenements.

Ce sont aussi les circonstances qui decident si un prince se conduit bien ou mal en telle occasion Il est des temps ou une extrême prudence est necessaire, il en est d'autres ou le Prince doit savoir donner quelque chose au hasard, mais rien n'est plus difficile que de changer a propos de conduite et de caractere, soit parce qu'on ne sait pas résister a ses habitudes et a ses penchants, soit parce ce qu'on ne peut se resoudre a quitter une route qui nous a toujours bien conduits

Jules II, d'un naturel violent et emporte, reussit dans toutes ses entreprises, sans doute parce que les circonstances dans lesquelles ce pontife gouvernait l'Eglise demandaient un prince de ce caractere On se rappelle encore sa premièic invasion du territoire de Bologne, du vivant de Jean Bentivoglio. Les Venitiens, l'Espagne et la France en pirent de l'ombrage, mais n'osci[e]nt remuer, les premiers, parce qu'ils ne se sentaient pas assez forts pour résister a un pontife de ce caractere, l'Espagne, parce qu'elle avait a recouvrer le royaume de Naples, et la France, outre l'intérêt de ménager Jules II, voulait encore humilier les Vénitiens en sorte qu'elle accorda sans hésiter a ce pape les secours qu'il lui avait demandés

C'est ainsi que Jules II réussit dans une entreprise ou la prudence et la circonspection eussent été hors de saison. Il aurait infailliblement échoué s'il eut donné a l'Espagne et aux Vénitiens le temps de se reconnaître, et a la France celui de l'amuser par des excuses et des délais.

Jules II porta dans toutes ses entreprises ce même caractère de violence, et ses succès l'ont pleinement justifié a cet égard, mais peut-être ne vécut-il pas assez pour éprouver l'inconstance de la fortune, parce que s'il fût survenu des temps ou il eut fallu se conduire avec prudence et circonspection, il eut inévitablement trouvé sa ruine dans cette inflexibilité de caractère et dans cette impétuosité qui lui étaient si naturelles.

De tout cela il faut conclure que ceux qui ne savent pas changer de méthode lorsque les temps l'exigent, prospèrent sans doute tant que leur marche s'accorde avec celle de la Fortune, mais qu'ils se perdent des que celle-ci vient à changer, faute par eux de suivre cette deesse aveugle dans ses variations

Au reste, je pense qu il vaut mieux être trop hardi que trop circonspect parce que la Fortune est d un sexe qui ne cede qu a la violence, et qui repousse quiconque ne sait pas oser, aussi se declare-t-elle plus souvent pour ceux qui sont jeunes, parce qu ils sont hardis et entreprenants

CHAPITRE XXVI

INVITATION A DELIVRER L'ITALIE DES ETRANGERS

Lorsque je passe en revue les objets exposés dans ce livre, que j'examine si les circonstances dans lesquelles nous nous trouvons seraient favorables à l'établissement d'un gouvernement nouveau, qui serait aussi honorable pour son auteur qu'avantageux à l'Italie, il me semble qu'aucun temps ne fut et ne sera jamais plus propre à l'exécution d'une si glorieuse entreprise.

S'il a fallu que le peuple d'Israël fut esclave en Égypte, pour apprécier les rares talents de

Moïse , que les Perses gemissent sous l'oppression des Mèdes pour connaître toute la magnanimite et tout le courage de Cyrus , enfin si les Athéniens n'ont vivement senti la grandeur des bienfaits de Thesee, que parce qu'ils avaient eprouve les maux attaches a la vie errante et vagabonde il a fallu aussi, pour apprecier les talents et le merite d'un liberateur de l Italie, que notre malheureux pays ait ete plus cruellement maltraite que la Perse, que ses habitants aient été sans lois et sans chefs, pilles, dechirés et asservis par les etrangers

Sans doute il s'est eleve quelquefois des hommes d'un tel merite, qu on a pu les croire envoyés de Dieu pour delivrer la terre , mais la Fortune jalouse semble avoir pris a tâche de les abandonner au milieu de leur course[1], en sorte que notre infortunee patrie gemit encore et sèche dans l attente d'un libérateur qui mette fin aux dévastations de la Lombardie, de la Toscane et du royaume de Naples Elle demande au ciel de susciter un prince qui l'af-

_____

1 C est le moine Savonarole que Machiavel a en vue

franchisse du joug humiliant et odieux des
etrangers, qui ferme les nombreuses plaies
dont elle est depuis si longtemps affligée, et
sous l'etendard duquel elle puisse marcher con
tre ses cruels oppresseurs

Mais sur qui l'Italie peut-elle jeter les yeux
si ce n'est sur votre illustre maison qui visible-
ment favorisée du ciel et de l'Eglise, dont le
gouvernement lui est confie, possede en outre
la sagesse et la puissance necessaires pour se
charger d'une si noble entreprise ? Et je ne
puis croire que l'execution de ce projet vous
paraisse presenter des obstacles insurmonta-
bles, si vous considerez que les grands princes
sur lesquels vous pouvez vous regler n etaient
que des hommes, quoique leur merite les ait
eleves au-dessus des autres Et, certes, aucun
d eux ne s'est trouve dans une position aussi
favorable que celle ou vous vous trouvez
Dois-je ajouter que la justice etant ici de votre
côte, leur cause ne pouvait être plus legitime
que la vôtre, ni Dieu etre plus pour eux que pour
vous ? Toute guerre est juste dès qu elle est né

cessaire, et il y a de l'humanite a prendre les armes pour la defendre d'un peuple dont elles sont l unique ressource. Toutes les circonstances concourent a faciliter l'execution d'un si beau dessein, et il suffit, pour l'accomplir, de marcher sur les traces des grands hommes que j ai eu occasion de vous citer dans le cours de cet ouvrage. Faut-il que le ciel parle ? Il a deja manifeste ses volontes par des signes éclatants On a vu la mer entr'ouvrir ses abimes, une nuee tracer le chemin a suivre, l'eau jaillir du rocher et la manne tomber du ciel C'est a nous a faire le reste, puisque Dieu en faisant tout sans nous, nous depouillerait de l'action de notre libre arbitre, et en même temps de la portion de gloire qui nous est réservee

Si aucun de nos princes n'a jusqu'ici pu faire ce qu'on attend de votre illustre Maison, et si l'Italie a été constamment malheureuse dans ses guerres, c'est qu'elle n'a pas su remplacer, par de nouvelles institutions militaires, l'ancienne maniere de combattre, qui depuis long temps n'est plus de saison

Rien n'honore tant un prince nouveau que
les nouvelles lois et les nouvelles institutions
qu'il établit, quand celles-ci sont bonnes et
qu'elles portent un caractère de grandeur. Or
on conviendra que l'Italie prête infiniment a de
nouvelles formes. Ses habitants sont loin de
manquer de courage, mais ils manquent de
chefs, la preuve en est dans les duels et autres
combats particuliers ou les Italiens sont tres
habiles, tandis que leur valeur dans les batailles
semble presque éteinte; ce qu'on ne peut attribuer qu'a la faiblesse des officiers, qui ne
savent pas se faire obéir par ceux qui connaissent ou pensent connaître le metier de la guerre,
jusque-la qu'on a vu les plus grands capitaines
de notre temps dont les ordres n'étaient jamais
exécutés avec exactitude et célerité. Voila pourquoi dans les guerres que nous avons eues depuis vingt ans, les armees levées en Italie ont
été presque toujours battues. Qu'il me suffise
de rappeler le Taro, Alexandrie, Capoue, Genes, Vaïla, Bologne et Mestri

Si donc votre illustre Maison veut se régler

sur ceux de nos ancetres qui ont delivre leur pays de la domination des etrangers, elle doit, avant tout, instituer une milice nationale, la seule dont on puisse garantir la bonte et la fidélite , et quoique chaque soldat en soit bon, tous deviendront encore meilleurs, quand ils verront leur propre prince les mener lui-même au combat, les honorer et les recompenser

Il est donc nécessaire d'avoir des troupes levées dans le pays même si on veut le mettre à l'abri de l'invasion des etrangers L infanterie suisse est tres estimée, ainsi que l'infanterie espagnole , mais l'une et l'autre ont des defauts, que l'on peut eviter dans la formation de la nôtre, ce qui la rendrait superieure a celle de ces deux Etats [1] Les Espagnols ne peuvent soutenir le choc des escadrons, et les Suisses ne tiennent pas contre une infanterie qui est aussi déterminée qu elle, à ne pas lâcher le pied

En effet, on a vu et on verra longtemps que

1 C est un espoir, non une conviction hez Machiavel qui appelle ailleurs la race italienne, une nation sans courage

les bandes espagnoles ne sauraient resister a la cavalerie française, et que l'infanterie suisse peut être battue par l'infanterie espagnole Si on me contestait ce dernier point, je rappellerais la bataille de Ravenne, ou l'infanterie espagnole en vint aux prises avec les troupes allemandes qui combattent dans le même ordre que les Suisses Or, les premiers s'étant jetes avec la vivacite qui leur est ordinaire, et a l abri de leurs boucliers, au travers des piques des Allemands, ceux-ci furent obligés de plier , ils eussent éte entierement défaits sans la cavalerie qui vint fondre sur les Espagnols

Il s'agit donc d'instituer une milice qui n'ait ni le defaut de l'infanterie suisse, ni celui de l infanterie espagnole, et qui puisse tenir contre la cavalerie française Rien n'est plus propre a faire estimer un prince nouveau et a illustrer son règne

L'occasion qui se presente est trop belle pour la laisser echapper, et il est temps que l Italie voie briser ses chaînes. Avec quelles demonstrations de joie et de reconnaissance ne recevraient-elles pas leur libérateur, ces malheureuses provinces qui gémissent depuis si longtemps sous le joug d'une domination odieuse ! Quelle ville lui fermerait ses portes, et quel peuple serait assez aveugle pour refuser de lui obéir ? Quels rivaux aurait-il à craindre ? Est-il un seul Italien qui ne s'empressât de lui rendre hommage ? Tous sont las de la domination de ces barbares. Que votre illustre Maison, forte de toutes les espérances que donne la justice de notre cause, daigne former une si noble entreprise, afin que, marchant sous vos étendards, notre nation reprenne son ancien éclat, et que sous vos auspices elle puisse chanter avec Pétrarque

Virtù contra furore
Prenderà l'arme, e fia 'l conbatter corto
Che l'antico valore
Negl' italici cuor non é ancor morto ¹

« Le bon droit s'armera pour repousser l'outrage
Le combat sera court ! Descendant des Romains,
Réveillez-vous ! Prouvez que l'antique courage
Enflamme encore nos citoyens »

¹ Petrarca Canzone XVI, vers 93-96

PENSÉES DIVERSES

I

Les hommes qui, dans les republiques, exercent un art mecanique ne sont jamais en état de commander en princes, lorsqu'ils sont eleves aux magistratures, parce qu'ils n'ont jamais appris qu'a obéir. Il faut donc ne confier le commandement qu'aux citoyens qui n'ont jamais obéi qu'aux rois et aux lois, comme sont ceux qui vivent de leurs propres revenus

II

Les Romains, sur le point de livrer bataille aux Gaulois, pour soutenir le premier choc et rendre vains les premiers coups de leurs adversaires, mirent, contre leur coutume, les lanciers, en tête, afin que l'ennemi, occupé a abattre les lances, et arrêté par ce corps, perdît son ardeur et son impétuosité premières

III

Amilcar, pendant une marche, ayant été attaqué de deux côtes par les ennemis, changea soudainement son ordre de bataille, c'est-a-dire qu'il fit aller en queue ceux qui étaient en tête, et venir en tête ceux qui étaient en queue Les deux divisions ennemies s imaginant qu'Amilcar fuyait, se mirent en desordre pour le poursuivre, mais, ayant été attaquées pendant leur marche par ceux qui changeaient de position d'après l'ordre du général, elles furent aisément vaincues.

IV

Domitien examinait les jours de naissance des sénateurs, et faisait périr ceux dont le sort était favorable, et qui étaient susceptibles de monter à l'Empire. Il aurait fait mourir Nerva, son successeur, si un astrologue, son ami, ne lui eut persuadé qu'il ne courait aucun danger, attendu que Nerva, étant déjà fort âgé, ne pouvait vivre encore longtemps, et c'est ce qui fut cause que Nerva lui succéda.

V

Antonin le Pieux répondit a un délateur : « C'est en vain que vous fatiguez les empereurs

« de vos délations, vous ne parviendrez jamais
« à leur faire tuer leur successeur »

VI

Quelqu'un ayant accusé Licinius devant
Trajan de vouloir l'assassiner, Trajan alla seul
dîner chez l'accusé, et le lendemain il dit devant l'accusateur « Hier Licinius pouvait me
« tuer »

VII

Trajan, ayant donné la charge de préfet du
prétoire à Licinius, lui ceignit l'épée en disant
« Je te donne cette épée pour me défendre si je
« suis un bon empereur, et pour me tuer si je
« suis un méchant »

VIII

On doit exercer les sujets d un pays dans le
métier des armes, depuis dix-sept ans jusqu a
trente, et les faire ensuite émérites, car passé
cet âge, les hommes deviennent indociles et ne
veulent plus obéir ils croissent en méchan-
ceté et diminuent en force

IX

S'il est vrai que le nombre des grands hommes dépende du nombre des Etats, il faut en
conclure que lorsque ceux-ci disparaissent, le
nombre des grands hommes diminue, avec l occasion d'exercer leur capacité Lorsque l empire

romain se fut accru et qu'il eut détruit tous les
Etats de l'Europe, de l'Afrique, et la plus grande
partie de ceux de l'Asie, il ne resta plus de place
au mérite qu'à Rome, et les grands hommes devinrent aussi rares en Europe qu'en Asie. Comme
il n'y avait plus de vertu qu'en cette capitale du
monde, le premier germe de la corruption en-
traîna la corruption du monde entier, et les barbares ravagèrent sans peine un empire qui avait
éteint la vertu des autres Etats sans avoir pu conserver la sienne. Le partage que fit de l'empire
romain ce déluge de barbares, ne put ramener
en Europe cette antique vertu militaire, d'abord
parce qu'on ne revient pas aisément à des mœurs
tombées en désuétude, ensuite, il faut en accuser les nouvelles mœurs introduites par la religion chrétienne, car il n'y a plus autant de nécessité de résister à l'ennemi. Autrefois, le vaincu
était massacré, ou achevait une vie misérable
dans un éternel esclavage. Les villes prises
étaient saccagées où l'on en chassait les habitants après leur avoir enlevé tous leurs biens,
on les dispersait dans le monde entier, enfin, il

n'y avait point de misères que ne supportassent
les vaincus Chaque Etat, effrayé de tant de
malheurs, tenait constamment ses armées en
activité et accordait de grands honneurs a tout
militaire distingué Aujourd'hui ces craintes
n'existent plus en grande partie, la vie des vaincus est presque toujours respectée, ils ne sont
pas longtemps prisonniers et recouvrent aisement leur liberté Une ville a beau se revolter
vingt fois, elle n'est jamais detruite les habitants conservent toutes leurs proprietes et tout
ce qu'ils ont a craindre est de payer une con-
tribution Aussi ne veut-on plus se soumettre
aux institutions militaires et endurer la fatigue
des exercices, pour échapper a des dangers
qu'on ne craint plus

X

Parmi les guerriers renommés, on en a
compté un grand nombre en Europe, peu en

Afrique et encore moins en Asie La cause de cette grande différence est que ces deux dernières parties du monde n ont jamais renfermé qu une ou deux grandes monarchies et très peu d Etats republicains, tandis qu il existât en Europe quelques rois et un grand nombre de republiques Les hommes ne deviennent superieurs et ne deploient leurs talents que lorsqu'ils sont employés et encouragés par leur souverain, que ce soit un monaique ou une republique, ou il y a beaucoup de souverains, les grands hommes naissent en foule , ils deviennent rares quand les souverains sont en petit nombre Il est en outre a remarquer qu il nait beaucoup plus de grands hommes dans une republique que dans une monarchie [1]

1 La remarque de Machiavel est vraie Mais les grands hommes coûtent cher on n en a jamais tant vu en Grèce que durant les guerres civiles des ve et iv siècles avant notre ère Il en est de même à Rome ils pullulent au temps de Cicéron de César et d Auguste La Renaissance offre le même spectacle le siècle de Louis XIV le même spectacle La révolution offre le même spectacle pour les gens de guerre et le xixe siècle français pour le mérite dans tous les genres C est que la discorde trempe les âmes les lève au maximum de leur

XI

Les hommes peuvent seconder la Fortune et non s'y opposer, ourdir sa trame, suivre ses fils et non les détruire. Je ne pense pas qu'ils doivent pour cela se livrer eux-mêmes à l'abandon. Ils ignorent quel est son but, et comme elle n'agit que par des voies obscures et détournées, il leur reste toujours l'esperance. Cette

puissance. On a du génie tant qu'on veut, mais on est misérable menacé dans sa vie et dans ses biens. C'est à ce point de vue qu'est vrai le proverbe : heureux les peuples qui n'ont point d'histoire. Ils ont moins de grands hommes ou n'en ont pas du tout, par contre ils vivent en paix, et traversent sans encombre cette vie courte qui a bien assez de ses propres misères sans y ajouter les misères civiles. Les grands hommes sont une mince compensation. La gloire de Napoléon a coûté dix millions d'hommes à l'Europe, celle de Machiavel et d'une poignée de grands italiens du XVI° siècle, diplomates généraux artistes écrivains historiens, a coûté à l'Italie sa liberté et fait le malheur de quatre ou cinq générations

esperance doit les soutenir quelques traverses
qu'ils eprouvent et quelques travaux qu'ils aient
à subir.

XII

La Fortune ne peut rien sur les grands
hommes Son inconstance, soit qu'elle les
eleve, soit qu'elle les abaisse, ne change point
leurs dispositions ni la fermeté d'esprit tellement inherente à leur caractere, que chacun
reconnaît qu'ils sont inaccessibles à ses coups
La conduite des âmes faibles est bien differente
Enorgueillies et enivrees par la prosperité,
elles attribuent tous leurs succes à des vertus
qui leur furent toujours etrangères et se ren-
dent par la insupportables et odieuses à tout ce
qui les environne Ces exces amènent bientôt
un changement de fortune, et à peine le malheur
se montre-t-il a leurs yeux, qu'elles tombent

dans l'excès contraire et deviennent viles et lâches

XIII

Un homme habitué a une certaine marche, n en saurait changer, il faut nécessairement quand les temps ne peuvent s arranger avec ses principes qu'il succombe

XIV

Que ceux qui gouvernent se persuadent qu'ils ne doivent jamais assez peu estimer un homme pour croire qu'ils pourront impunément l'accabler d'outrages et d'injures, et qu il ne cherchera pas a se venger, même au péril de sa vie.

XV

Je crois qu'une des grandes règles de la prudence humaine, est de s'abstenir d'injurier ou de menacer qui que ce soit Ni la menace ni l'injure n affaiblissent un ennemi, mais l'une avertit de se tenir en garde, l autre ne fait qu accroître sa haine et le rend plus industrieux dans les moyens de nuire

XVI

Les hommes ne savent être ni entièrement bons, ni entièrement mauvais

XVII

Le prince qui ne reconnaît les maux que lorsqu'il n'est plus temps de les prévenir, n'est pas vraiment sage, mais la prévoyance n'est pas d'ordinaire la vertu des rois

XVIII

Il ne faut pas qu'un monarque ait peur de son ombre et écoute trop facilement les rapports effrayants qu'on lui fait, il doit, au contraire, être lent a croire et a agir, sans toutefois négliger les lois de la prudence Il y a un milieu entre une folle securité et une folle defiance,

XIX

L insolence dans la prosperite et l'abattement dans les revers, sont une suite des mœurs et de l'education Si celle ci est sans energie, 1 homme est sans energie comme elle Une education opposee donne a 1 homme un caractere bien different En lui apprenant a mieux connaître le monde, elle lui apprend aussi a montrer moins d ivresse dans le succes et moins d abattement dans le malheur

XX

Il n y a pas de honte a violer les promesses arrachees par la force L on rompra sans se déshonorer les engagements relatifs a l'intérêt public, toutes les fois que la force qui aura obligé a les contracter ne subsistera plus

XXI

Pour être obéi, il faut savoir commander. Ceux-là seuls le savent qui, après avoir comparé leurs forces a celles de leurs inférieurs, commandent lorsqu'ils y trouvent les rapports convenables, et s'en abstiennent dans le cas contraire Pour conserver le pouvoir dans un État, par les voies de rigueur, il faut, disait un sage, que la force qui comprime, soit en proportion avec celle qui est comprimée Cette autorité violente pourra se soutenir si la proportion existe, mais on doit craindre chaque jour son renversement, si l'opprimé a plus de force réelle que l'oppresseur

XXII

Si vous privez l homme d'une chose utile, il ne l'oublie jamais Chaque besoin qu il eprouve lui en rappelle le souvenir Comme les besoins renaissent tous les jours son es sentiment se renouvelle de meme

XXIII

S'attirer la haine sans espoir d'en recueillir aucun avantage, c est n'etre guide que par la temerite et l'imprudence

XXIV

Ceux qui sont nés en Italie et en Grèce,

s'ils ne sont pas devenus ultramontains en
Italie, ou turcs en Grèce, ceux-la auront raison de blâmer le present et d exalter le passé.
Les siècles anciens leur offrent des sujets d admiration, et celui ou ils vivent, ne leur presente rien qui les dedommage de leur extrême
misere et de l infamie d un âge ou ils ne voient
ni religion, ni lois, ni discipline militaire, et
ou regnent des vices de toute espece ces vices
sont d'autant plus execrables qu ils se mon-
trent dans ceux qui siegent aux tribunaux, qui
occupent les places, qui ont l'autorite en main
et qui veulent etre adores[1]

XXV

Il y a deux manieres de combattre, l une
avec les lois, l autre avec la force La premiere

---

1 Ceci est un jugment sur la Renaissance prononcé par
un homme qui y assistait et qui par la nature spéciale de
son génio, était plus à meme qu un autre d en avoir une
opinion éclairée

est particulière a l homme, la seconde nous
est commune avec les brutes

XXVI

Il vaut mieux pécher par l'impétuosité que
par la circonspection, parce que la Fortune
appartient a un sexe qu'il faut souvent traiter
avec audace et brusquerie pour le dompter.
Elle favorise surtout les jeunes gens parce
qu'elle est femme et qu ils sont avec elle moins
respectueux, plus entreprenants, plus impe-
ratifs.

XXVII

Les hommes prudents savent se faire toujours un mérite de ce que la nécessité les contraint de faire

XXVIII

Les hommes se trompent, quand ils decident sur la preference a accorder au present ou au passé, parce qu'ils n'ont pas une connaissance égale de l'un et de l autre Le jugement que portent les vieillards sur ce qu ils ont vu dans leur jeunesse, sur ce qu'ils ont bien observé, bien connu, semblerait n être pas egalement sujet a erreur Cette remarque serait juste, si les hommes a toutes les époques de leur vie conservaient la meme force de tete et de jugement et s'ils etaient affectes des mêmes passions Mais ils changent et quoique les temps ne changent pas reellement, ils ne peuvent paraître les mêmes a des gens qui ont d'autres passions, d autres gouts et une autre manière de voir

BIBLIOGRAPHIE FRANÇAISE

DU *PRINCE*

Il n'y a que deux ouvrages de Machiavel qui aient été édités de son vivant. Ce sont l'*Art de la guerre* (*Dell'arte della guerra*, Firenze, Giunta, 1521, 1 vol. in-12) et la *Mandragore* (sans lieu ni date). Le *Prince* a paru pour la première fois en italien dans les *Opere varie* 3 vol. in-4, Firenze par Bernardo di Giunta 1531-1532, et Rome, Blado d'Azola (presses pontificales) 3 vol. in-4, 1531-1532) où il forme avec la *Vie de Castruccio Castracani*, le tome 3. Il a eu plus de succès en France que dans les autres pays de

l'Europe, même en Italie Il n y en eut pas moins
de trois traductions françaises différentes, dans
le cours du xvi° siecle La première traduction
française par ordre de date, est celle de Jacques
Gohory Jacques Gohory publiait dès 1544, l *Art
de la guerre et les Discours sur la premiere de
cade de Tite-Live* (1 vol in folio, Paris, Denis
Janot¹) Il est probable que le *Prince* publié dé
sormais avec la traduction de l'art de la guerre
et les discours sur Tite-Live, suivit de près,
l'édition de 1544, du traité de l'art de la guerre
et des discours sur Lite-Live. On ne connaît
pas d'exemplaire de cette première édition,
réimprimée plusieurs fois On sait que la bibliographie des livres français du xvi° siecle n'est
pas faite, ou plutôt qu'il n'en existe jusqu ici
que des fragments épais L'édition la plus connue de la traduction du *Prince* par Jacques Gohory est celle qui a pour titre *Les Discours*, etc ,

---

1 Le bibliographe Brunet possédait un exemplaire de
cette édition aux armes chiffre et emblèmes de François Ier
avec une dédicace en dix vers de la main du traducteur au
connétable Anne de Montmorency

plus un livre du même auteur intitulé le *Prince*
1 vol petit in 12, Paris, 1572, Hicrosme de
Marnes et Pierre Cavellat Le volume a 778 pages
et trois feuillets de tables Le *Prince* commence
au folio 608 Une edition du *Prince*, de
la traduction de Jacques Gohory, avait paru l'année
précédente Le *Prince*, tr par Jacques Gohory, pour Robert le Manguier, 1571, 1 vol. in-8,
comprenant 8 folios préliminaires dont trois
pour la vie de Machiavel et son portrait, 64 folios
de texte, non compris la table des matières

La deuxième traduction française du *Prince*
est celle de Guillaume Cappel (1 vol in-4°,
Paris 1553, Charles Estienne) Elle est dediée
au garde des sceaux Bertrandi et porte au feuillet 94, cette note singulière « Les annotations
que trouverez es feuillets 4, 49 et 62, ont este
mises par le depputez (*sic*) a visiter les livres a
imprimer, afin que tels endroitz soient lus avec
discretion et jugement »

La troisieme qui est anonyme, mais due a
Gaspard d'Auvergne, a pour titre Le *Prince* de
Nicolas Machiavelli, traduit de l italien en fran-

çois, vol in 4°, Poictiers, Enguilbert de Mar-
net 1553 Elle fut longtemps la plus estimée et
fut reimprimée un grand nombre de fois aux
xvi et xvii° siècles

On en connut trois editions differentes, faites
sous le règne de Louis XIII La premiere
(Paris 1614, Martin Gobert, 1 vol in 12) offre
cette particularité que le *Prince* est intercalé
entre l'*Art de la guerre* et les *Discours sur Tite-
Live*, quoiqu il ait une pagination à part la
deuxieme est intitulée *Discours sur l'etat de
paix et de guerre* de Nicolas Machiavel, citoyen
de Florence, traduit d'italien en françois ,
ensemble un tractté du meme auteur intitulé
le *Prince*, de nouveau corrigez et illustrez de
maximes politiques (1 vol in-4°, Paris, Toussaint
Quinet, 1634) Le *Prince* y occupe 98 pages,
plus deux folios de tables, il a une pagination
a part La troisieme, avec le meme titre et le
meme format porte la date de 1637 chez Michel Blajart et Michel Brunet

Une autre edition du *Prince* dont nous ne
connaissons que le titre, porte le *Prince* de

Machiavel, revu et corrigé, Rouen et Paris 1664, 1 vol in-12

Les traductions precedentes ont été effacees au xviiᵉ siecle par la suivante Le *Prince* de Nicholas Machiavel, secretaire et citoyen de Florence, traduit et commente par Amelot, sieur de la Houssaye, Amsterdam, Wetztein (a la sphere), 1683, 1 vol in-12 C'est un exemplaire de cette edition qu'a annote la reine Christine de Suede La traduction d'Amelot de la Houssaie, quoique mediocre, a ete reeditee souvent On peut citer parmi ces reeditions, celle de la Haye, 1743, 1 vol in-12 On peut considerer comme une edition et un commentaire du *Prince*, l'ouvrage de Wicquefort l'*Ambassadeur et ses fonctions* 2 vol in-4° La Haye, 1681 [1].

L'anti-Machiavel de Frederic II et celui de

1 Wicquefort (Abraham de) né à ce que l'on croit, à Amsterdam vers la fin du xviⁱ siècle mort en 168., est un écrivain français Nommé en 1696 par le duc de Brandebourg resi dentau e de ce prince à la cour de France il y résida trente deux ans Il fut révoqué sur les instances de Mazarin qui profita de l'occasion pour le mettre à la Bastille Wicquefort sorti de la Bastille, se retira en Hollande ou il était pro tégé par le grand pensionnaire Jean de Witt

Voltaire qu'il importe de ne pas confondre, firent tomber les éditions du *Prince*, réhabilité par Guiraudet, traducteur des *OEuvres politiques*, (Paris 1799, 9 vol in-8°), que devait compléter la traduction Péries, celle-ci complète (12 vol in-8, Paris, 1823-1826 chez Michaud)

Malgré l'amour des Jacobins et de Napoléon pour Machiavel, on ne trouve d'édition isolée du *Prince* ni sous la République ni sous l'empire La série recommence en 1816 par

Machiavel commenté par Napoléon Bonaparte, manuscrit trouvé dans le carrosse de Bonaparte, après la bataille de Mont-Saint Jean, le 18 juin 1815, Paris, Nicolle, 1816 (1 vol in-8°) L'auteur de cet ouvrage sinon de la traduction du *Prince* est l'abbé Guillon

Le *Prince*, nouvelle traduction, augmentée de notes historiques et politiques et suivie d'un traité sur les conspirations du même auteur, Paris, Chasseriau, 1818, 1 vol in-18 (anonyme)

Machiavel ou morceaux choisis et puisés de cet écrivain, sur la politique, la législation, la morale, etc , avec une traduction du *Prince* par

L II. (Léon Halévy), Paris, Hubert, 1822, 2 vol. petit in-18

OEuvres politiques (le *Prince et discours sur Tite-Live*) avec un essai sur l esprit revolutionnaire par P. Christian, Paris, Lavigne, 1842, 1 vol in-18

I es mêmes, 1 vol in-18, Paris, Lecou, 1847

Les memes (tr Peries) contenant le *Prince* et les *Discours sur Tite-Live* avec une etude, des notices et notes par Charles Louandre, 1 vol in-18, Paris, Charpentier, 1851.

Deltuf (Paul) essai sur les œuvres et la doctrine de Machiavel avec la traduction littćrale du *Prince* et quelques fragments historiques et litteraires, 1 vol in-8, Paris, Reinwald, 1866.

Le *Prince*, nouvelle traduction precedee de quelques notes sur l'auteur par C. Ferrari, 1 vol in-32, Paris (Bibliotheque nationale), 1865.

Les lecteurs modernes lisent le plus souvent le *Prince* dans l'edition des œuvres publiée par Buchon (2 vol. gr in-8°, Paris, 1842-1843), dans la collection du *Panthéon littéraire*, réimprimée

par Guillaume frères (2 vol gr in-8°, Paris, 1867)
Une bibliographie spéciale des travaux publiés
en France sur le *Prince*, depuis le xvi° siècle
jusqu'à nos jours, serait trop étendue pour figu-
rer ici, même à titre partiel. Il n'y a pas un
écrivain remarquable de notre langue, à commencer par Rabelais, et à finir par les auteurs
encore vivants, qui n'ait eu son opinion à fournir sur le *Prince*

FIN

TABLE DES MATIÈRES